O Tesouro de Akhenaton

© 2010, Editora Isis Ltda.

Supervisor geral:
Margaret M. Morimoto

Revisão de textos:
Maria R. Varalla

Capa e diagramação:
Globaltec Produção Editorial

I.S.B.N. 978-85-88886-75-9

www.editoraisis.com.br
contato@editoraisis.com.br

Proibida a reprodução total ou parcial desta obra, de qualquer
forma ou por qualquer meio seja eletrônico ou mecânico,
inclusive por meio de processos xerográficos, incluindo ainda o
uso da internet sem a permissão expressa da Editora Isis,
na pessoa de seu editor
(Lei n° 9.610, de 19.02.1998)
Direitos exclusivos reservados para Editora Isis

O Tesouro de Akhenaton

Giuliano D'Abronzo

São Paulo
2011

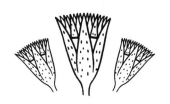

SUMÁRIO

Prólogo 7
Capítulo I 9
Capítulo II 13
Capítulo III 17
Capítulo IV 21
Capítulo V 27
Capítulo VI 35
Capítulo VII 45
Capítulo VIII 50
Capítulo IX 55
Capítulo X 60
Capítulo XI 66
Capítulo XII 72
Capítulo XIII 76

Capítulo XIV 82
Capítulo XV 91
Capítulo XVI 99
Capítulo XVII 106
Capítulo XVIII 111
Capítulo XIX 120
Capítulo XX 127
Capítulo XXI 139
Capítulo XXII 150
Capítulo XXIII 156
Capítulo XXIV 165
Capítulo XXV 175
Capítulo XXVI 182
Capítulo XXVII 194
Capítulo XXVIII 203
Capítulo XXIX 213
Capítulo XXX 225
Capítulo XXXI 236
Capítulo XXXII 246
Capítulo XXXIII 259

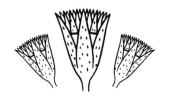

PRÓLOGO

Havia dias que as escavações se arrastavam. Tudo indica que se encontrava ali mais uma das inúmeras câmaras enterradas pelas areias do deserto e que se encontrava perdida, aguardando que alguém a desvendasse. Conforme apontam os egiptólogos, apenas 30% de todos os monumentos, câmaras, túmulos e demais construções do Egito antigo haviam sido desenterrados. As pesquisas indicavam que ali haveria mais uma descoberta. Talvez um grande achado. Aliás, afirmar isso, no Egito, seria até uma redundância. Qualquer descoberta acerca da história do Egito já era, por si só, um grande evento.

E não haveria lugar mais propício para uma nova descoberta. A planície de Gizé é uma grande referência à história antiga do

Egito. Mas não a única. Pode ser considerada a síntese, no entanto, a cada passo as pessoas são levadas a se surpreender com a grandiosidade da cultura egípcia. As pirâmides, alinhadas à constelação de Órion, e a esfinge foram um complexo grandioso, misterioso, apaixonante, único. O pensamento dos dois exploradores alternava-se pela admiração aos monumentos e ao desejo de encontrar o que procuravam.

"Mas após essa descoberta, o que poderemos ou deveremos revelar ao mundo?" — pensava Shang Lee. "O que há de fato a ser desvendado?"

— Senhor Shang Lee, eu achei alguma coisa aqui! — disse Ali Aleck.

Shang Lee correu ao encontro de Ali. Era já fim de tarde, e em breve o deserto e o governo egípcio não permitiriam a continuação das escavações na proximidade das pirâmides. Em razão da disponibilidade financeira, Shang Lee, jovem egiptólogo português originário de Macau, mas que há tempos se radicara na ex-metrópole, não contratou nenhum escavador. Pesquisava com Ali Aleck, outro jovem egiptólogo de origem egípcia e faziam eles próprios as escavações. Mesmo porque, argumentava, teriam mais cuidados para se evitar danos ao patrimônio histórico que, por ventura, viessem a encontrar.

— O que é?

— Não sei bem ainda! É um bloco de pedra... — E escavou ainda mais rápido. — É retangular. Pode ser uma porta...

Mas não houve tempo para terminar a frase. Lee e Ali foram surpreendidos por cinco sujeitos. Apesar de não haver tempo para reação, Lee percebeu que não se tratavam de egípcios. Não usavam turbantes. Tinham olhos e pele claros. As poucas palavras sussurradas não eram igualmente árabes.

Tentou olhar quem eram os agressores, mas seus olhos se fixaram apenas naquela pedra. Tão perto de poder desvendá-la e ver-se diante dos segredos que estavam por revelar. Viu também seu companheiro Ali ser arrastado, enquanto ele próprio era igualmente levado para o mesmo caminhão.

Um lenço, nada mais...

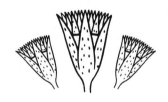

CAPÍTULO I

Professor João Pedro Coimbra Álvares havia a pouco feito as pazes com seu filho, Luís Augusto Silva Álvares, numa de suas intermináveis brigas em razão da dedicação aos seus estudos. Desde criança, fascinara-o as culturas antigas, em especial a egípcia. Na faculdade de História, rapidamente se identificou com as histórias, lendas, mitologia e tudo o mais que a cultura do Egito antigo poderia fornecer. Assim, dedicou-se ao estudo dessa cultura, tornando-se doutor e, por consequência, professor universitário.

Sua esposa, Sofia Maria Silva Álvares, por sua vez, sempre buscou a harmonia entre os dois. Conhecia a recíproca afeição e admiração de ambos, porém, pelo gênio de ambos, sabia que as brigas eram inevitáveis. Por isso mesmo é que viu seu filho fugir da área de estudo de seu pai, partindo para engenharia, faculdade que ainda cursava. Sofia sabia equilibrar-se entre sua profissão, médica, e os deveres domésticos e, com sua sensibilidade, sempre conseguia unir o marido e seu filho.

Mas aquele dia raiara diferente, tudo estava em paz, pai e filho novamente podiam se sentar para conversar e uma carta do longínquo Egito, de seu amigo Ali Kazan, era, enfim, algo que poderia trazer bons fluidos.

Prezado amigo professor João Pedro Álvares,

Há tempos que não nos falamos. Porém, neste momento de desespero, você me parece ser a única pessoa que pode me ajudar. É a você a quem venho pedir auxílio. Seu aluno Shang Lee partiu com meu filho Ali Aleck para continuar as pesquisas que Shang Lee tinha iniciado. Partiram para novas escavações. Eu mesmo, nada sei sobre o que procuravam.

Acontece que perdi contato com Ali Aleck e, por consequência com Shang Lee, há mais de uma semana. A única coisa que recebi, pouco antes do sumiço dos dois foi um pequeno pedaço de papel com os caracteres abaixo.

Nada entendi do que possa estar escrito, mas sei que o senhor poderá entender e talvez souber a razão do sumiço dos dois.

O que sei é que sumiram há mais de uma semana e que iniciaram suas pesquisas em Akhetaton.

Se desvendar o significado desses signos, talvez saiba o paradeiro dos dois.

Seu amigo de sempre,
Ali Kazan

Junto à carta estava um pedaço de papel com os seguintes símbolos:

Para um professor universitário como ele, estes símbolos não eram estranhos. Sabia exatamente qual a origem e o seu significado. Mas o que eles realmente significam? O que há por trás deles?

Sofia, que lera a carta com João, e nada sabia do significado dos hieroglifos, perguntou:

— O que significam?

— Na primeira linha está escrito *tesouro*. Na segunda, , *Akhenaton*...

Seu fascínio pela cultura egípcia levara-o a decorar o significado de cada um dos hieroglifos. É verdade que há determinados escritos egípcios nos quais os hieroglifos representam mais que simples letras, mas ideias, seguindo o mesmo padrão dos ideogramas orientais. Mas não era o que ocorria nesse caso. Os nomes escritos eram claros o suficiente para entender.

— Sim, mas o que significam?

Professor Álvares não sabia responder. De fato, não faziam sentido essas duas palavras juntas. Akhenaton foi um Faraó egípcio. Certamente, teria uma grande fortuna ou um tesouro na sua época, mas jamais ouvira qualquer história, nem lenda ou mito que se relacionasse a um possível tesouro oculto por Akhenaton. Nem mesmo em Akhetaton, cidade fundada por Akhenaton para o culto do deus Aton e para ser a capital do Egito, havia qualquer indício de um tesouro perdido.

O que de relevante sabia desse período, dentre outras, era que nessa época foi instituída, pela primeira vez na história, o culto monoteísta. Havia inúmeras teorias para isso, dentre as quais que Akhenaton tomara essa medida para diminuir o poder dos sacerdotes egípcios de Tebas. Mas nada havia dentro da história do reinado desse Faraó, qualquer indício que fosse do desaparecimento de grande tesouro.

— Eu não sabia das pesquisas de Lee atualmente. Lembro-me vagamente dele me falar sobre uma nova investigação no Egito... Mas isso sempre há! Pesquisas no Egito acontecem o ano todo! E descobertas igualmente!

E a dúvida persistia para o professor João, para sua esposa, Sofia, e para seu filho, que conhecera Lee e que agora olhava para aqueles desenhos. O que haveria por trás desses hieroglifos?

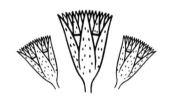

CAPÍTULO II

Professor Álvares, por alguns dias, ficou observando aqueles hieroglifos. Por mais que procurasse em livros, qualquer menção a algum tesouro daquele período, nada encontrava. Intrigava-o o fato de Lee e Ali, dois egiptólogos, terem sumido sem qualquer razão aparente. Se tivessem localizado algo, não havia dúvidas que iriam divulgá-la. Se faltassem verbas, teriam procurado por mais, é certo, mas nunca haveriam de sumir, sem deixar qualquer sinal ou rastro.

Nada fazia sentido.

— Sofia, preciso ir ao Egito. Alguma coisa estranha acontece. Não entendo o porquê de Ali Kazan ter me enviado estes hieroglifos, e não entendo o porquê do desaparecimento de Ali e de Lee.

Sofia observou o marido e sabia que naquela resolução estava mais um possível foco de brigas em casa.

— Por que não vamos todos ao Egito? Eu não conheço esse país e nem Luís Augusto. O Egito tanto o fascina, talvez possamos os três admirar juntos o que há lá. Mesmo porque, talvez Ali e Lee, jovens como são, tenham se aventurado em alguma nova pesquisa na terra dos Faraós e tenham se esquecido de dar algum sinal. Iremos os três."

Pelo tom de Sofia, professor Álvares sabia que não havia espaço para argumentações e, no fundo, sabia que a esposa tinha razão. Surgia aí uma ótima oportunidade para os três viajarem juntos pelo Egito, terra que tanto o fascinava. E ainda, se o filho concordasse com a viagem, não haveria motivos para novas brigas. Para ser franco consigo mesmo, concordava com a mulher. Talvez os dois jovens pesquisadores tenham iniciado uma nova busca ou vislumbrado uma nova descoberta e tenham se esquecido de entrar em contato com os demais.

Luís Augusto não discordou da proposta. De fato, achou fascinante fazer uma viagem daquelas. A oportunidade de ver uma nova cultura também o fascinava. Desde a infância sempre tivera gosto pela história, mas em razão das brigas com o pai, afastara-se dessa área para outra que também atraía a atenção dele.

Como faltavam poucos dias para o fim do ano letivo, a viagem poderia ser realizada sem qualquer inconveniente para os três. Bastava Sofia marcar suas férias.

E assim foi. Em poucos dias os três estavam de partida para o Egito.

No Egito, aguardava-os o velho amigo do professor Álvares, Ali Kazan.

— Sua cara não é das mais alegres.

— Ora, até o momento não tenho nenhuma notícia de meu filho. Já avisei as autoridades, e a única informação concreta é que Ali Aleck não deixou o país nem deu entrada em nenhum hospital ou foi preso. O mesmo acontece com Shang Lee.

— Ali, meu amigo, talvez eles tenham feito alguma descoberta nova e, na empolgação, se esqueceram de avisar. De qualquer forma, venho aqui para ajudá-lo. Oh, esqueci-me, estes são minha esposa, Sofia, e meu filho, Luís Augusto. Ela é médica e ele estuda engenharia.

— Muito prazer — disse Sofia.

— Olá — completou Luís Augusto.

— Sejam bem-vindos ao Egito. Apesar de não ser o melhor momento para mim, dadas as circunstâncias, desejo que essa viagem seja prazerosa a todos vocês e, que em breve meu filho também possa desejar isso a vocês por ele próprio. Venham, venham! Minha casa está pronta para recebê-los. Minha esposa Sarah aprontou tudo!

As ruas do Cairo já fascinaram, de imediato, a Luís Augusto e à Sofia. A diferença em relação a Lisboa era enorme, a começar pela forte presença islâmica no Egito, passando pela diferença climática. Era um mundo novo que se descortinava. Professor Álvares estivera ali outras vezes e já se familiarizara com aquele movimento.

Cairo possui inúmeros monumentos do antigo esplendor da época dos Faraós. Andando pela cidade é possível ver construções monumentais. Mesmo templos mais modernos, como a mesquita Mohamed Ali, famosa por seu lustre que foi objeto de troca, juntamente com um relógio, pelo obelisco que se encontra, na Praça da Concórdia, em Paris. Professor João Pedro jamais conseguira entender tal troca. Podia-se ver também a Igreja de São Sérgio, local onde, dizem, refugiou-se a Sagrada Família quando de sua fuga da perseguição de Heródes. Enfim, muita coisa é possível ver, aprender e viver no Cairo, cidade com uma população acolhedora.

— Verão coisas ainda mais surpreendentes. Quando estiverem diante da Esfinge e das grandes pirâmides, serão contagiados pela beleza do Egito — disse Ali. — Aqui é diferente, sim, mas verão ainda mais. O Egito é uma terra apaixonante! Quem aqui vem, deixa uma parte do coração. É certo!

— E leva em seu lugar um pouco de areia... — gracejou o professor Álvares.

— Mais que isso! É certo! — respondeu Ali.

Ao chegarem à casa de Ali, descansaram os três. Como ainda não havia notícias de Ali Aleck e Shang Lee, professor Álvares combinou com Ali Kazan de no dia seguinte irem ao local onde os dois jovens egiptólogos estavam trabalhando. Talvez lá pudessem ter alguma pista do paradeiro dos dois. Apesar do tempo decorrido...

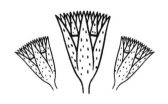

CAPÍTULO III

▬▬ Foi aqui, pelo que sei, o último lugar onde trabalharam. Meu filho tinha me dito que era nas proximidades da grande pirâmide de Quéops que estavam escavando.

— Aqui? Neste ponto? Por mais que haja o que descobrir sobre o Egito, não seria aqui, próximo às pirâmides, que se iriam fazer novas descobertas!

Enquanto o professor Álvares e Ali Kazan conversavam, Sofia e seu filho, Luís Augusto, aproveitavam para conhecer aqueles monumentos. Diante deles, sua beleza era ainda maior do que fotos poderiam mostrar. O que seria mais fascinante? As pirâmides? A esfinge? Para os dois não havia o que escolher. Tudo era igualmente interessante e tudo chamava a atenção.

— Mas se era aqui que estavam escavando, onde estão os sinais disso? Não há nenhum indício de que tenha ocorrido aqui uma escavação.

— Sim, é verdade, estive aqui dois dias depois do último contato com Ali Aleck e também não vi nenhum sinal das escavações. No entanto, eu mesmo estive aqui enquanto trabalhavam e não tenho dúvidas que era aqui.

— Estranho! Não entendo o que possa ter ocorrido. Não há nenhum outro dado? Informação? Nada que Ali Aleck tenha deixado?

— Sim, na verdade há alguns poucos papéis que eles deixaram em casa. Mas não sei o que possa significar, pois aqueles papéis se referem à outra região do Egito, muito longe daqui...

— Onde seria?

— El Amarna.

— El Amarna? Tem certeza?

— Sim. Está na minha casa.

— El Amarna é a região onde se localizam os vestígios de Akhetaton, antiga capital do Egito no período de Akhenaton. E aqueles hieroglifos que você me enviou se referem exatamente a esse Faraó, Akhenaton. Talvez esses documentos possam elucidar algo.

Estudante de engenharia e curioso por natureza, Luís Augusto se interessava muito em entender as medidas das pirâmides, suas proporções, bem como as medidas e proporções da esfinge, sinais estes, conforme ele notou inscrito nas relações numéricas e não em escritos propriamente ditos. Diante de tudo aquilo, mais aguçada ficava a curiosidade do estudante. Mas não havia tempo, tinham de retornar à casa de Ali Kazan para ver aqueles papéis com vistas a elucidar o desaparecimento de Ali Aleck e Shang Lee.

Ao retornarem, Ali Kazan pegou aqueles poucos papéis. Realmente não eram muitas as anotações, mas facilmente o professor português identificou a letra de Lee, seu ex-aluno, e também a de Ali Aleck, jovem que conhecia desde criança quando conhecera Ali Kazan numa de suas várias viagens de estudo ao Egito.

— Você sabe, professor Álvares, eu não tive muitas oportunidades de estudar, mas fiz todo o possível para que meus filhos tivessem uma vida diferente. Ali Aleck seguiu os estudos para tornar-se um estudioso do Egito. Sempre disse que gostaria de mostrar ao mundo o conhecimento contido nesta terra, sem qualquer mistificação, dogma ou imposição de culturas diferentes. Ele sempre disse que o conhecimento é da humanidade, apenas estava confiado aos egípcios para guardá-los e protegê-los. Nunca foi preciso dizer que as ideias de meu filho foram influenciadas pelo professor estrangeiro que por aqui passou e fez pesquisas. A admiração que ele tinha por você, professor Álvares, serviram de estímulo para continuar estudando. E quando Shang Lee entrou em contato com ele, foi uma oportunidade para que ele se aprofundasse mais nos estudos.

— Não só para ele, mas para Shang Lee também. Acredito que juntos fazem uma grande dupla — respondeu o professor.

Enquanto analisava os papéis, João Pedro notava que havia sempre correlação entre tesouro e Akhenaton. Insistia aquela mesma ideia de um tesouro ligado a Akhenaton.

Dentre os papéis, outro lhe chamou a atenção, escrito por Shang Lee:

IVR? O que ou quem é?

"O que será isto? O que significam estas letras?" — pensava o professor.

Mais adiante, achou novamente uma citação a essa sigla IVR, dessa vez escrita por Ali Aleck.

"O que estaria por trás dessas letras?" — pensava. Nada fazia sentido.

Todos os demais documentos se reportavam às pesquisas realizadas em sítios arqueológicos, especialmente nas ruínas de Akhetaton. Porém, nenhum documento ou anotação apontava a possíveis descobertas na região da planície de Gizé, principalmente na proximidade da grande pirâmide.

— O que tudo isto significa? — perguntou Ali Kazan.

— Talvez tenhamos que ir para Akhetaton ou El Amarna, como preferem os atuais egípcios, para descobrir — respondeu o professor. — Não conseguiu desvendar nada, João Pedro? — perguntou a esposa.

— Nada aqui faz sentido. Se pesquisavam na planície de Gizé, aqui não há nenhum relatório, nem escrito, nem apontamento, nem anotação, nada. Apenas há dados de algumas traduções das ruínas de Akhetaton, nada que seja novidade. Tudo o que consta aqui já foi antes pesquisado e documentado. Além disso, há esta sigla ou o que quer que seja, IVR. Porém, não consigo entender o que possa ser.

— Se temos de ir a essas ruínas, vamos então. Não podemos perder tempo. — Disse Luís Augusto.

Não havia dúvidas, El Amarna seria o próximo destino. Talvez nas ruínas houvesse qualquer sinal, qualquer indício que pudesse solucionar o paradeiro dos jovens egiptólogos, bem como uma resposta àquele enigma das três letras.

— Estariam essas letras IVR ligadas ao paradeiro dos dois enquanto viajavam rumo às ruínas de Akhetaton?

Não notaram, mas dentre os turistas, havia um distintamente vestido, destoando das roupas típicas da região. Quieto, viajava sozinho, mas discretamente observava a família Álvares e Ali Kazan.

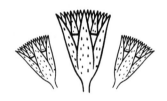

CAPÍTULO IV

Akhetaton, outrora capital do império egípcio, durante o reinado de Akhenaton, é hoje um complexo de ruínas que se localiza no meio do caminho entre Cairo e Luxor, dois complexos arqueológicos importantes do antigo Egito. Suas características foram preservadas em razão da cidade ter sido abandonada aproximadamente 20 anos após a sua fundação e jamais ter sido ocupada posteriormente. Assim, o deserto incumbiu-se de esconder muito de sua história.

— Curioso, mas os desenhos destes templos são diferentes dos demais. É como se não fossem egípcios! — comentou Luís Augusto.

— Sim, isso é completamente verdade. No Egito antigo, as pinturas não trabalham com a noção de perspectiva. É como se os egípcios quisessem retratar algo que não fosse passageiro, mas sim eterno, permanente, atemporal. Mesmo quando eles retratam o dia-a-dia, sua arte visava deixar uma imagem daquele acontecimento, mas de uma forma que pudesse ser considerada perfeita. Entende? -respondeu João Pedro. — Para se ter uma ideia, o tamanho das pessoas nas pinturas não significava distância entre elas, mas o grau de importância delas na sociedade. Assim, um Faraó era sempre pintado maior que os outros. Não visavam, ao caracterizar o dia-a-dia, mostrar os elementos componentes daquele fato, mas demonstrar a importância daquele acontecimento. O importante é o fato em si mesmo, o significado do fato para a cultura deles. Consegue entender?

— Sim... Não... Não é fácil assim de entender. — disse Sofia.

— Mas aqui é totalmente diferente. — continuou Luís Augusto.

— E está certo. No reinado de Akhenaton, a arte egípcia se transforma profundamente. Sobretudo nesta região, o que se retrata é a realidade. Observa-se nas pinturas do próprio Faraó. Os corpos humanos apresentam imperfeições, se é que assim podemos chamar. Antes disso, os corpos eram "perfeitos", "iguais", pois o desejo não era o dia-a-dia, mas o significado do que se fazia, por isso é que há forte influência religiosa na arte egípcia. Mas no período de Akhenaton, a arte retrata o cotidiano, até mesmo mostrando a mudança física do Faraó. Só nessa época é que se encontra essa concepção da arte egípcia."

— Por quê? O que faz do período de reinado de Akhenaton diferente dos outros Faraós? — perguntou Sofia.

— Historicamente, é no reinado de Akhenaton que pela primeira vez aparece o monoteísmo. Até então, o que se via eram povos politeístas. Em alguns casos, os deuses apresentavam características humanas, seja no aspecto físico, seja no psicológico, como se vê na cultura helênica. Já em outros, os deuses adquiriram características de animais, como a própria religião egípcia politeísta apresentava. Em outra ainda há forte influência dos fenômenos naturais na religião.

— Sim, isso já sabíamos — comentou Sofia.

— Certo. Imagina, então, num período marcado pela influência de vários deuses, aparecer um rei, no caso um Faraó, que muda tudo e diz que há apenas um deus — continua o professor.

— Meu filho diz que esse Faraó foi tão importante, que tudo mudou no Egito. Mudou a capital, mudou a religião, até as artes mudaram. Ele disse também que o Faraó Akhenaton rompeu com o isolacionismo de antes e buscou o comércio com outros povos — acrescentou Ali Kazan.

— Exato. Essas são algumas das características do reinado de Akhenaton.

Enquanto conversavam, João Pedro, com a ajuda de Ali Kazan, revia o complexo de Akhetaton. Já estivera ali antes e, aparentemente, não havia nenhuma nova descoberta que pudesse apontar ao sumiço de Ali Aleck e Shang Lee. Ao mesmo tempo, Luís Augusto e sua mãe, Sofia, aproveitavam o tempo para observar aquelas ruínas.

— Mas por que tudo isto terminou? — perguntou Luís Augusto passado um tempo.

— A história aponta como hipótese mais provável uma disputa de poder entre o Faraó e os sacerdotes, sobretudo os de Tebas, que haviam perdido muito de sua influência pelo fato de haver sido implantado o sistema monoteísta. O certo é que estes, os sacerdotes, conseguiram retomar o poder de antes após o reinado de Akhenaton.

— E tudo sumiu? Desapareceu? — perguntou Sofia.

— Não se sabe o destino daqueles que praticavam essa religião monoteísta.

As investigações continuavam, e não notaram que enquanto observavam os monumentos, eram seguidos por uma pessoa que fingia observar as ruínas, mas que estava atento a cada detalhe da conversa.

— Porém, temos de esclarecer um ponto. Enquanto tudo isso acontecia, havia um povo bastante numeroso que morava no Egito. Chegaram através de um dos filhos de Jacó, chamado José, mas com o passar dos tempos foram escravizados.

— Os hebreus!? — exclamou e indagou Luís Augusto.

— Está bem no conhecimento da história! Sim, os hebreus.

— Mas o que têm eles com tudo isso? — perguntou Luís Augusto.

— A teoria é polêmica e controvertida. Porém, deve-se lembrar que nem sempre os hebreus foram escravos. Muito ao contrário, segundo a Bíblia, José foi um influente assessor do Faraó. Em outros termos, José, e por consequência os hebreus, teve contato com o Faraó e com a linhagem real. Ora, o reinado de Akhenaton foi aproximadamente um século e meio antes da saída dos hebreus do Egito. Sabem que data é essa?

— A Páscoa — respondeu Sofia.

— Exato. Essa data é tão importante para o povo judeu que até hoje eles celebram essa data, com diversos rituais que procuram mostrar ao povo como foi importante e, ao mesmo tempo, difícil a vida de seus antepassados. E vocês sabem quem liderou o povo nessa fuga?

— Moisés. — Respondeu Sofia novamente.

— E Moisés foi educado onde?

— No palácio real. — Desta vez respondendo Ali Kazan.

— E como chegou lá, segundo a Bíblia?

— Foi deixado num cesto no rio Nilo, por sua mãe. E foi achado por uma das serviçais da princesa e levado ao palácio real, onde o criou como seu filho — disse Sofia.

— Sim, essa é a história bíblica. — Professor Álvares deu uma pausa e depois continuou. — Ora, devemos lembrar que Akhenaton era um Faraó e, apesar de após a sua morte o monoteísmo ter sido extinto no Egito, diversos dos seus seguidores permaneceram vivos e vários deles continuaram servindo a família real. Há a hipótese até de que alguns membros da família real tenham continuado com a antiga crença e a passado de geração em geração. Ora, não seria um absurdo, por essa teoria, afirmar que há estreita relação entre a religião judaica e o culto monoteísta do reinado de Akhenaton.

— Essa teoria não está exagerando as coisas? — perguntou Sofia.

— Se está ou não, é apenas uma teoria, que poderá ou não ser atestada sua veracidade.

Além dos três ouvintes conhecidos, havia um quarto que estava próximo, prestando atenção a todo o diálogo. Mas não se manifestara em nenhum momento. Apenas ouvia.

— Aliás, sabem o nome do deus desse período?

— Aton — disse Ali Kazan.

— Certo! O deus único da religião monoteísta egípcia. O ente supremo sem que houvesse qualquer figura representativa. O máximo que poderia ser usado para expressá-lo era, simbolicamente, o Sol, fonte de luz, calor e vida. E o que significa Akhenaton, o nome do Faraó, e Akhetaton, o nome da cidade criada por ele?

Dessa vez não houve resposta.

— Pois bem, Akhenaton significa: aquele que é útil a Aton ou o espírito eficaz de Aton. Já Akhetaton significa: o horizonte de Aton . Aliás, até mesmo o nome desta região, Amarna, El Amarna ou Tell el-Amarna, tem o mesmo significado o horizonte de Aton — respondeu o professor.

E continuaram as investigações, sem, no entanto, obter qualquer resultado significativo. Com efeito, ficaram ali por dois dias sem qualquer resultado. Até que no terceiro dia João Pedro encontrou aqueles mesmos hieróglifos enviados por Ali Kazan para ele via carta.

— Aqui! Vejam! Talvez estejamos perto de algo!

Professor Álvares concentrou-se naqueles textos. Talvez ali se encontrasse algo.

E seus esforços foram recompensados. Com efeito, o professor encontrou uma descrição que fazia referência às pirâmides da planície de Gizé.

— Então, aqui está o que procuramos!

— Mas nada diz, onde possam estar... — Argumentou Luís Augusto.

— É certo, mas refazendo os passos deles, poderemos ter mais elementos para encontrá-los. Saberemos o que fizeram e onde foram.

— Iremos retornar ao Cairo? — perguntou Sofia.

— Sim... Esperem, há algo mais aqui!

Todos pararam.

— Aqui diz que: "o tesouro está nos olhos de quem sabe olhar..."Era uma inscrição colocada na base das ruínas, mas notou o professor que estava incompleta.

Silêncio! Ninguém entendera nada!

— O que significam essas palavras? — perguntou Luís Augusto.

Mas ninguém sabia a resposta. No entanto, num canto não muito longe dali, uma pessoa anotava em um pequeno bloco de anotações aquelas palavras.

— Não sei, talvez, se a inscrição estivesse completa...

João Pedro e Ali Kazan continuaram as investigações, mas nada mais localizaram. Apenas aquelas palavras poderiam ter alguma relação com as pesquisas de Shang Lee e Ali Aleck. No entanto, permaneciam com a mesma dúvida.

— Devemos retornar ao Cairo, talvez em sua casa tenham alguma novidade ou notícia — disse o professor.

— Ou, talvez, lá possamos descobrir algo mais — acrescentou Ali.

Deixaram o local. Mas o outro viajante que insistia em prestar atenção às conversas do grupo se aproximou daquelas paredes e, cuidadosamente, copiou cada detalhe do que estava escrito ali.

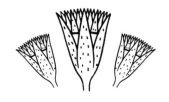

CAPÍTULO V

▬▬Nenhuma notícia. Ninguém os viu. Ninguém sabe nada do paradeiro dos dois — comunicou Ali Kazan ao professor.

—Voltamos à estaca zero? — perguntou Luís Augusto.

— Temos de pensar. Não podemos agir por impulso. Deixamos alguma coisa para trás. Vamos analisar, temos duas palavras escritas em hieroglifos que significam: *tesouro* e *Akhenaton*. Sabemos que o último lugar onde estiveram foi perto das pirâmides de Gizé. Em El Amarna achamos a frase: "*O tesouro está nos olhos de quem sabe olhar*". E temos três letras, *IVR*, que até mesmo os dois não deixaram nenhuma pista do que possa ser.

— Não seria melhor avisar a polícia? — perguntou Sofia.

— Já foram avisados e nada aconteceu. E depois de tanto tempo alertá-los novamente? O Egito é um país muito grande, com muitos lugares remotos. Com certeza, falarão que os dois são jovens e saíram para alguma aventura. Se tiverem sorte, estarão vivos, mas se não, o deserto se incumbirá de dar o destino para eles. Que Alá os proteja!

Os dias passaram sem nenhuma novidade. Até que, numa certa tarde, enquanto o professor Álvares e Ali Kazan andavam pela cidade do Cairo, foram interpelados por um homem alto, de olhos e cabelos claros, terno escuro, voz grave e forte sotaque europeu.

— O senhor é o professor João Pedro Álvares, de Portugal, não estou certo?

— Sim, sem dúvida! — respondeu o professor surpreendido — como sabe quem sou?

— Não é difícil encontrá-lo. Lembre-se que estamos no Egito, e aqui as pessoas andam com roupas diferentes das nossas européias e também possuem fisionomia diferente. É um prazer encontrá-lo.

— Cumprimentou-o o europeu com bastante simpatia. — Meu nome é Ludwig Von Schutze, sou também professor.

— Muito prazer, professor Ludwig — apertando-lhe as mãos. — — Este é um velho amigo que muito me ajudou em minhas pesquisas aqui no Egito, seu nome é Ali Kazan.

Os dois se cumprimentaram, mas não houve tanta receptividade de ambos os lados.

— Alguma nova pesquisa, professor Álvares? — perguntou o outro europeu já convidando-o a ir a um café.

— Na verdade, não. Estou aqui por várias razões, dentre elas fazer um passeio turístico com minha família, que está, neste momento, na casa de Ali Kazan.

— Nenhum outro motivo, então?

O João Pedro hesitou um pouco, mas respondeu:

— Não.

E a conversa entre os dois seguiu para outros assuntos, principalmente em relação às questões políticas na Europa e na história recente européia. Vez ou outra o professor Ludwig Von Schutze tentava retomar a razão principal da viagem do professor Álvares ao Egito, mas sem sucesso. Até que certo momento Ali Kazan falou para o amigo que o jantar deveria estar pronto e as famílias os esperavam para o jantar. Diante disso, despediram-se do outro professor.

— Queria achar um jeito de me desvencilhar dele — disse o português.

— Eu não gostei dele — completou o egípcio.

— Não entendo como ele possa ter me encontrado aqui. Somente o reitor da "minha" universidade sabe que estou aqui.

Ali Kazan, porém, não se manifestou. Também não sabia o que pensar sobre aquele encontro inusitado.

No dia seguinte, Sofia, seu filho, Luís Augusto, a mulher de Ali Kazan e sua filha foram andar pelas ruas do Cairo. Enquanto isso, Ali Kazan e o professor Álvares caminhavam pelas ruas do Cairo. Como no dia anterior, novamente se encontraram com o professor Von Schutze.

— Novamente nos encontramos, professor Álvares.

— Sem dúvida parece que nossos passos tendem a se cruzar.

— O que tem feito?

— Nada de especial, apenas procuro conhecer um pouco mais esta cidade. Apesar de já ter vindo ao Cairo diversas vezes, as ruas daqui me surpreendem sempre. A cada esquina ou a cada novo lugar que passo fico surpreso com a riqueza desta cidade. O povo daqui é fantástico.

Professor Von Schutze parecia dar atenção a tudo o que o professor Álvares dizia. Ao mesmo tempo, tentava reparar o que Ali Kazan fazia. Igualmente ele não simpatizara com o egípcio.

Os três caminhavam pelas ruas do Cairo sem destino certo. Ao contrário do dia anterior, Schutze deixava-se guiar pelo professor português. No entanto, o passeio dos três pareceu não ter destino certo. Apenas passavam pelas ruas cheias de estabelecimentos comerciais e vez por outra paravam para ver alguma das lojas de produtos típicos, em especial aquelas que vendiam produtos em alabastro.

— Isto realmente me fascina — disse o professor Álvares -, o alabastro é bastante translúcido e gosto das esculturas feitas com essa pedra.

Ali Kazan e especialmente João Pedro Álvares tentavam desvencilhar-se de Ludwig Von Schutze. Mas estes quanto mais tentavam se afastar dele, mais o professor Von Schutze buscava uma nova forma de continuar a conversa.

No fim da tarde, já cansados, despediram-se. No entanto, ao retornarem para casa, perceberam que eram seguidos. Mas não era o professor Von Schutze. Era outra pessoa que os seguia. O fato de não usar roupas típicas da região do Cairo, fez com que fosse facilmente notado. Quando entraram na casa de Ali Kazan, notaram que o indivíduo deu uma pequena olhada na casa e seguiu seu caminho.

— Tudo muito estranho. Um dia, aparece aquele professor e agora somos seguidos — disse Kazan.

— Também não gosto disso — respondeu o amigo.

Porém, o tempo passava e nenhuma novidade sobre o sumiço de Ali Aleck e Shang Lee. Professor Álvares e Ali Kazan iam sempre à região das pirâmides de Gizé e lá, invariavelmente, viam o professor Von Schutze.

Contudo, houve um dia em que João Pedro saiu cedo para voltar à planície de Gizé e passou o dia ali analisando os fatos. Viu de longe o professor Ludwig Von Schutze e, não querendo falar com ele, recolheu-se a um canto escondido.

Logo após o horário do almoço, enquanto retornava para a casa de Ali Kazan, foi esbarrado por uma criança, que correndo, deixou um papel em sua mão.

O que procura não está no Egito, mas em Israel.

Não conseguiu identificar a criança que tinha esbarrado nele, sobretudo pelo movimento nas ruas do Cairo e ficou intrigado com aquilo. Nada fazia sentido para ele. Tudo parecia cada vez mais estranho. Após pensar durante o resto da tarde, durante a noite, enquanto jantavam, professor Álvares disse:

— Depois de muito pensar cheguei à conclusão de que estamos procurando o tesouro errado. O reinado de Akhenaton é marcado pelo rompimento com tradições da antiguidade ao criar um reino monoteísta. Talvez o tesouro não seja material, mas sim espiritual.

João Pedro tinha decidido, por ora, não contar como chegara a essa conclusão. Parecia absurdo acreditar num pequeno pedaço de papel, entregue a ele por uma criança, que correndo, não se identificara. Além disso, para deixar a situação mais estranha, não havia nome algum no papel. Apesar de estranha toda aquela situação, pensava que poderia ser uma luz naquele enigma.

Ninguém o entendia, mas continuou.

— Pensem bem, quando estávamos nas ruínas de Akhetaton, nós notamos a grande importância que o Faraó Akhenaton dava ao conhecimento. E se o tesouro não for metais e pedras preciosas, mas alguma fonte de conhecimento? Dessa forma, tanto nós quanto Ali Aleck e Shang Lee estamos errados.

Aquilo não fazia sentido algum, ele sabia, mas não obtivera nenhuma resposta que contrariasse isso. E deve-se acrescentar, sempre fora um professor de ideias inusitadas, polêmicas. Gostava de buscar uma nova forma de encarar determinado conhecimento, não fugindo, por obvio, das evidências. Não havia escavações nas proximidades da pirâmide. Nenhum sinal de tesouro havia sido revelado. E o tempo passava, sem nenhuma novidade.

Era evidente que a família de Ali Kazan ficava cada dia mais apreensiva em razão da ausência de novidades sobre o sumiço de Ali Aleck e Shang Lee.

— Kazan, devemos olhar novamente os documentos da pesquisa dos dois. Talvez algum fator novo passasse despercebido.

Com efeito, ao olharem os documentos novamente, viram que havia aquela mesma frase decifrada em Akhetaton: "O tesouro está nos olhos de quem sabe olhar..." Após inúmeros pontos de interrogação, estava escrito Akhetaton. Sem dúvida, significava a origem da frase. Mas mais adiante, havia uma anotação: "onde está o complemento?" E nada mais.

— O que significa isto?"- perguntou Ali Kazan.

— Não sei, talvez eles realmente não procurassem um tesouro material, mas o que buscavam era o complemento desta mensagem — respondeu professor Álvares após um tempo.

Até que num dia, enquanto João Pedro e Ali Kazan observavam a esfinge, já pensando acerca da possibilidade de estarem procurando no lugar errado, viram o professor Von Schutze se aproximar dos dois, e acabou deixando cair uma pasta que continha alguns documentos, recolhendo-os rapidamente. O professor Álvares e Ali tentaram ver o que havia ali.

Ao fim do dia, professor Álvares disse a Ali:

—Viu os documentos da pasta?

— Não.

— Creio não estar enganado, mas acho que vi alguma coisa em relação àquelas letras IVR.

—Viu? O que é?

— Infelizmente não. Mas algo me diz que esse professor Von Schutze tem alguma coisa em relação ao sumiço de Shang Lee e Ali Aleck. Talvez falte alguma coisa para ele e quer que nós descubramos.

No dia seguinte, João Pedro e Kazan novamente se dirigiram às pirâmides. Enquanto isso, Luís Augusto e Sofia saíram pela cidade.

Mas esse dia foi diferente. Desde o início do passeio os dois eram seguidos por um egípcio. Porém, não o notaram. Mas eles eram observados constantemente.

Após o almoço, quando se dirigiram para o museu do Cairo, Luís Augusto falou:

— Mãe, se lembra de quando fomos a Akhetaton?

— Sim, por quê?

— Aquele homem estava lá também — apontando para uma pessoa de fisionomia européia, usando terno escuro.

— Ora, o Egito é grande, mas todos acabam por irem aos mesmos lugares históricos.

—Tudo bem, mas ele está nos observando a algum tempo. Mas tudo foi muito rápido. Um caminhão se aproximou dos dois e, sem que houvesse tempo para reação, ambos foram puxados para dentro. Não houve tempo para reação. Apenas um lenço...

As horas iam passando, e a noite já se avizinhava. Não havia notícia dos dois, Luís Augusto e Sofia nunca tinham se demorado tanto. Até que algum transeunte jogou um papel pela janela da frente da casa de Ali Kazan.

Sua mulher e seu filho estão bem. Mas para vê-los novamente precisamos de uma resposta. Em breve entraremos em contato.

Agora tudo se esclarecia para João Pedro. Tentando manter a calma, deduziu que o desaparecimento de sua família estava diretamente ligado ao paradeiro de Shang Lee a Ali Aleck. Mas por mais que pensasse, não chegava a nenhuma conclusão. Ainda não sabia a principal razão do desaparecimento de todos nem o que procuravam realmente. Se ao menos soubesse...

— Kazan, não temos tempo a perder. Lembra que falei que poderíamos estar procurando pelo tesouro errado?

— Sim, lembro, sim.

— Pois bem, e se realmente eu tiver razão. E se realmente o tesouro que Shang Lee e Ali Aleck procuravam não era montes e montes de ouro, mas outro tipo de tesouro... Um conhecimento, por exemplo. Onde procuraríamos?

Nenhuma resposta.

— Onde? Ou o quê? O que os dois queriam dizer quando falavam em tesouro? O que realmente buscavam?

A noite avançava e nenhuma resposta aparecia para o enigma que se colocara à frente dos dois. E o tempo parecia correr contra as necessidades de ambos. Agora não procuravam somente aos dois jovens egiptólogos, mas também a família do professor português que tinha desaparecido.

— Só se...

— O que disse, professor?

— Parece absurda a ideia que tive, mas e se o tesouro de Akhenaton estiver ligado ao povo de Israel. Não faz sentido, é verdade, não há nenhum dado histórico que comprove isso, mas e se for verdade?

— Ainda não entendi!

— Kazan, preste atenção. Lembra quando estivemos em El Amarna? Tudo o que dissemos sobre o reinado de Akhenaton, de certa forma levou-nos à história do povo de Israel, sua presença no Egito, sua fuga, enfim, mesmo sem dados históricos, pode-se supor que os seguidores da religião instituída por Akhenaton tiveram contato com os hebreus. E se a troca de experiências, ou melhor, de conhecimento ou qualquer outra coisa, seja o tesouro de Akhenaton e não simplesmente ouro?

— Será possível?

— Ora, nada faz sentido até agora! Pode ser, não custa pensarmos nessa hipótese.

— Certo, mas por onde começaremos?

— Não sei bem ao certo. Aqui no Cairo não achamos mais nenhuma informação. Já estivemos em Akhetaton. Talvez tenhamos de ir a Israel.

— Israel? Professor Álvares, talvez não tenha notado, mas minha situação não é tão fácil. Não poderei entrar em Israel. Existe tensão entre o povo judeu e os muçulmanos. Não poderei ir com o senhor.

Eis um fato que o professor não havia se atentado. No entanto, já estivera antes em Israel e saberia aonde ir.

A decisão já havia sido tomada. No entanto, havia outro ponto. Aquele bilhete dizia que em breve entrariam em contato. Quem? Qual o motivo? E, a mais importante pergunta: Por que a família do professor e por que os jovens pesquisadores?

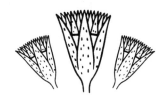

CAPÍTULO VI

Tantas perguntas e tão poucas respostas, fizeram com que os dois tivessem uma péssima noite de sono. Muito embora o professor João Pedro Álvares imaginasse que em Israel poderia encontrar algumas respostas, aquele bilhete fazia com que permanecesse no Cairo. Tanto ele quanto Ali Kazan andavam inquietos pelas ruas do Cairo.

Andavam pelos diversos bairros do Cairo. Retornaram à planície de Gizé, onde puderam ver as pirâmides e a esfinge. Foram ao Midan Tahrir, que é o centro da cidade moderna. Puderam mais uma vez se deparar com a efervescência do comércio local, como puderam ver o trânsito caótico da cidade. Passaram ainda pelo rio

Nilo, que atravessa o deserto e representa tanto para os habitantes do Egito. Por milênios até os dias de hoje, suas águas serviram e servem de instrumento para renovação da vida. A cidade apresentava inúmeros outros atrativos. Mas sobretudo, o Cairo antigo tinha seus encantos mais fascinantes. No entanto, nada parecia atrair a atenção dos dois. Andavam pelas ruas esperando que houvesse um contato.

E realmente esse contato aconteceu já no primeiro dia após o desaparecimento de Sofia e Luís Augusto.

— Professor Álvares? — era outro europeu, bastante alto, com óculos escuros e cabelos loiros, o mesmo sotaque do norte da Europa, e que usava um terno semelhante ao do professor Von Schutze que se aproximava. Na companhia dele estava outro europeu com o mesmo tipo de roupa, um pouco mais baixo que seu companheiro, e mais quatro ou cinco egípcios com as roupas típicas.

— Sim — respondeu o português.

— Deve saber a razão de estarmos aqui.

— Sinceramente, não.

— Não? Se eu fosse o senhor, não bancaria o espertinho agora. Sabe muito bem que estamos com sua família e não nos custará nada dar um sumiço nela e nos seus outros amigos.

João Pedro e Ali Kazan ficaram sérios. Sabiam que aquele estrangeiro falava a verdade.

— Eles estão vivos? — perguntou o egípcio, sem, contudo, obter resposta.

— O que querem? — perguntou o português.

— É muito simples, e não vai lhe custar nada. Precisamos saber onde está enterrado o tesouro de Akhenaton.

— Mas não sabemos onde está?

— Serei direto. Ou o senhor encontra esse tesouro, ou a vida da sua família e de seus amigos terá um fim em breve. A escolha é sua. E não pense que não estamos monitorando seus passos, pois desde sua chegada aqui nós o temos seguido.

— Mas não sabemos onde procurar? Se estão nos seguindo, sabem que não descobrimos nada mais.

— Nossa paciência não é tão grande. Trate de descobrir algo para nós.

— E se eu descobrir, como entraremos em contato?

— Isso fica por nossa conta. Nós entraremos em contato. Mas não espere muito para nos dar novidades.

— Mas...

Não houve mais o que dizer àquele grupo. Eles se afastaram, não dando importância à qualquer indagação.

Após um tempo, João Pedro perguntou a Ali Kazan:

— Notou algo neles?

— O quê?

— A roupa. Usam o mesmo terno do professor Ludwig Von Schutze, se é que ele é realmente um professor. E o sotaque é o mesmo. São de origem germânica.

— Tem certeza?

— Absoluta.

— Então, o que fará?

— Disseram que entrarão em contato. Significa que estão nos seguindo. Tinha decidido ir a Israel. E acho que é a melhor solução agora. Muito embora eu não saiba o que procurar lá, é evidente que o primeiro lugar que irei é o Muro das Lamentações. Esse muro é o que resta do famoso Templo de Jerusalém, erigido para substituir aquele que fora construído pelo rei Salomão e que fora destruído. Se for para achar algo em Israel, talvez seja nas proximidades desse Muro que haja alguma resposta.

— Alá permita que encontre algo. A vida de muita gente corre perigo.

Depois de tudo, os dois voltaram para casa de Ali. Por mais que tentassem ver quem os seguia, não conseguiram distinguir na multidão.

A noite passou agitada e os preparativos para a viagem do professor Álvares foram rápidos. Não havia tempo a perder.

No dia seguinte, em vez de se dirigiram ao aeroporto, João Pedro disse:

— É melhor eu seguir por via terrestre. Na fronteira, conseguirei entrar em Israel mostrando meu passaporte. Talvez eu consiga despistá-los enquanto faço mais pesquisas.

Com efeito, ao procurarem um meio rápido de se atingir a fronteira com Israel, professor Álvares teve uma ideia para conseguir desencontrar seus perseguidores.

— Ali, arrume alguém que tenha estatura e corpo parecidos comigo.

— Para quê?

— Quero trocar minhas roupas com as dele. Assim você se afasta daqui com ele e poderei ir para Israel sem ser perseguido. No aeroporto, conseguiriam facilmente saber para onde vou, mas indo, de carro, não. Além disso, se você sair daqui com alguém usando minhas roupas, ganharemos um tempo para descobrirmos mais no que estamos metidos e como localizar minha família, seu filho e Shang Lee.

Usando desse artifício, a viagem de João Pedro Álvares pelo deserto foi relativamente tranquila. Sabia que não era seguido, por aqueles que estavam com sua família. A viagem era dura. Mas tinha de ser feita.

Na proximidade da fronteira, pediu para que o deixassem sozinho e rumou ao encontro de um posto de fronteira do exército israelense. Sabia que, de alguma forma, seria recepcionado por eles e que conseguiria ser encaminhado para Tel-Aviv ou, com muita sorte, para Jerusalém. Mesmo não entrando pelas vias adequadas, o exército israelense saberia distingui-lo de um árabe. Era evidente que o estado de tensão que cercava as relações entre judeus e muçulmanos poderia dificultar sua entrada em Israel, sobretudo por se dirigir à fronteira a pé. Mas tinha de arriscar. Entrar em Israel, clandestinamente, era a última das opções.

Como havia previsto realmente, os soldados israelenses tomaram todas as medidas preventivas em face daquele viajante que vinha pelo deserto. Interrogaram-no, revistaram-no, checaram seus documentos e entraram em contato com o Ministério dos Negócios Estrangeiros de Israel. Esse órgão, por sua vez, incumbiu-se de obter informações junto ao governo português.

O sistema de informação israelense é extremamente eficaz, conforme pôde notar o professor Álvares. Em poucas horas, de detenção na fronteira, foi informado pelo comandante da área da autorização para entrar em Israel, bem como que a Universidade Hebraica de Jerusalém se responsabilizaria por seu traslado até Jerusalém.

Era tudo o que João Pedro necessitava.

No mesmo dia já se encontrava em Jerusalém. Fantástica cidade, importante para as três grandes religiões ocidentais, Jerusalém tem sua história marcada por inúmeros acontecimentos que marcaram a história da civilização. Caminhar pelas ruas de Jerusalém é vivenciar grandes momentos históricos. No entanto, engana-se quem pensa que não há organização nessa cidade. Em Jerusalém, é possível encontrar a história convivendo com a modernidade.

Nessa cidade, é possível ter contato com as várias culturas. É como se Jerusalém fosse um mundo dentro de outro mundo. Judeus, cristãos e muçulmanos transitam por suas ruas. É possível vivenciar monumentos que se perpetuaram através da história, em especial um de seus pontos mais famosos, o Muro das Lamentações, bem como é possível ter acesso a lugares modernos, capazes de se defrontar com o futuro que a cada dia se avizinha. Prédios modernos, destinados à conservação da história. Irônica mistura que serve para a preservação da riqueza cultural da humanidade e mostrar que a vida é assim, uma mistura de lembranças com desejos de modernidade.

João Pedro foi recebido por um professor israelense, chamado Abdão Harahel:

— Seja bem vindo, professor Álvares! O que o traz a Israel e por vias tão inusitadas?

— Shalom, amigo Harahel. Achei que era tradição usar essa palavra ao se cumprimentar aqui em Israel. — disse o professor Álvares — enquanto andavam pelas ruas de Jerusalém, procurando um lugar onde pudessem almoçar.

— Não diria que é uma tradição, mas sim sinceras palavras que devem representar mais que simples sons originados nas cordas vocais. Ao se cumprimentar alguém, devemos colocar nossa emoção sincera. Assim o fazendo, nossas palavras carregam o peso da nossa emoção, e isso é muito importante. Ao dizer-se, Shalom, devemos realmente desejar paz, prosperidade, bem, saúde, inteireza e segurança. Mas isso podemos desejar usando qualquer palavra, até mesmo não usá-las, apenas demonstrando nossa estima.

— Mas não dizê-las, não significa que não se deseja isso?

— Em absoluto, professor, podemos dizê-las de várias formas, como eu disse, o importante é tê-las no coração e transmiti-las.

— Já vi que minha viagem a Israel foi útil em algum sentido...

— Mas pelo jeito como entrou no país acredito que precise de algo mais.

— Acredite em mim, preciso mesmo.

— O que seria?

— Serei breve e direto. Preciso ter acesso ao Muro das Lamentações e suas imediações. Acredito que ali conseguirei alguma informação sobre algo que pesquiso.

— Mas sabe que ali é um lugar muito importante para a religião judaica. Além disso, há as mesquitas muçulmanas próximo ao Muro. Qualquer atividade ali é, no mínimo, sujeita a muitas especulações.

— Sim, eu sei. Mas preciso muito disso.

Após houve silêncio entre os dois até que encontraram um lugar para almoçar. Enquanto almoçavam, o israelita perguntou:

— Não quero ser indiscreto, mas o que está pesquisando?

— Gostaria de guardar segredo sobre isso. Se não for incômodo. Acredite em mim, será melhor para você.

O professor Abdão Harahel notou na voz do professor português que possivelmente alguma coisa não estava bem, mas por prudência preferiu não aprofundar suas indagações. Conhecia o professor João Pedro Álvares de alguns seminários e sabia de sua honestidade. Mudaram de assunto.

Ao terminarem o almoço, o professor Harahel disse:

— Irei eu mesmo ajudá-lo. Sou professor universitário e acredito que não haverá empecilhos para suas pesquisas.

— Garanto-lhe que serei rápido.

— Assim o desejo.

Após o almoço, decidiram andar pelas ruas da cidade. Antes passaram por um hotel onde João Pedro Álvares se hospedou. Depois foram até o Monte das Oliveiras, que proporciona uma vista magnífica do Muro das Lamentações e o Domo da Rocha. Ali ficaram um tempo, admirando a paisagem enquanto colocavam em dia assuntos escolares. Pelo que perceberam, os alunos possuem os mesmos comportamentos, as mesmas dúvidas, os mesmos anseios. Não importa o lugar em que estejam, a cultura que os acolheu, o dinheiro que possuem, o fato é que nos alunos sempre se encontra a impulsividade, muitas vezes revertida no desejo de descobrir algo, alterar determinada regra, quebrar barreiras, desafiar o sistema reinante. Até que ao final da tarde se dirigiram para a Universidade Hebraica de Jerusalém, para decidirem como trabalhar.

— Professor Álvares, você pode até não querer me dizer o que realmente está por trás das suas investigações. No entanto, se eu for ajudá-lo, eu preciso saber o que temos de procurar. Além do mais, caso haja algum policial ou outro agente governamental, tenho de saber exatamente o que procuramos.

— Hum... Tem razão.

Enquanto tomavam vinho, João Pedro explicou seu objeto de investigação a Abdão Harahel:

— Como sabe, professor Harahel, sou arqueólogo e me deparei com uma dúvida. O Faraó Akhenaton instaurou o monoteísmo no Egito e fundou Akhetaton para ser a nova capital do reino. Apesar da vida curta do monoteísmo no Egito antigo, em razão de sua extinção após a morte do Faraó, o povo hebreu libertou-se da escravidão egípcia cento e cinquenta anos depois, liderados por Moisés, que, segundo as tradições, fora educado no palácio real. Pois bem, minha pesquisa visa traçar um paralelo entre o judaísmo com o monoteísmo egípcio. Quero encontrar algum indício que demonstre o contato entre hebreus e alguns seguidores do monoteísmo egípcio.

— Acha isso possível?

— Não será fácil, mas trançando esse paralelo, viso mostrar que houve troca de informações entre os dois povos. Inclusive, o fato de a tradição bíblica dizer que Moisés foi educado no palácio real e que fora encontrado por uma princesa egípcia quando ainda era um bebê, reforça a tese que os seguidores do monoteísmo egípcio continuaram a existir, mesmo após a morte do Faraó Akhenaton.

— Você sabe que pode mexer com os interesses de muita gente? Muitas tradições religiosas?

— Sim, eu sei disso. Mas esse é o papel do pesquisador, buscar novos elementos que visem aclarar as relações humanas, o mundo onde vivemos, nossas crenças, enfim, tudo.

— Nesse ponto tem razão.

Abdão Harahel parou um pouco para pensar e depois perguntou:

— Além da suposição, tem algo mais que possa acrescentar? Algum dado, algum ponto, algum resultado obtido no Egito? Eu sei que estava lá.

— Sim, há algo. Encontrei este texto em Akhetaton. É uma pequena inscrição, incompleta que pode significar algo.

— Qual é? Posso vê-la?

— Sim, é esta: "O tesouro está nos olhos de quem sabe olhar...," — mostrando ao professor Harahel cópia dos hieroglifos.

— Infelizmente a inscrição está incompleta, como se vê."

— Mas não há nada aqui que indique haver uma ligação entre os monoteístas do Egito antigo e o povo hebreu.

— Não, aparentemente não há. No entanto, tenho sólidas convicções de que eu possa encontrar algo aqui.

— Sem dúvida, suas informações são superficiais...

— Sim, eu sei. No entanto, temos de começar por algum lugar. Com o pouco que tenho, acredito que eu posso acrescentar mais dados aqui em Israel.

— E acha que haverá alguma coisa no Muro das Lamentações?

— Ou nas imediações.

— Mas lembre-se que Jerusalém foi destruída e reconstruída várias vezes. Mesmo o Templo foi destruído e reerguido. Esse muro é o que restou do ataque dos romanos no ano 70 da era cristã ou, pela tradição judaica, no ano 3.830.

— Sim, é certo. No entanto, quero ressaltar algo. Se há qualquer fato arqueológico aqui em Jerusalém que possa demonstrar essa troca de conhecimento ou experiência entre os monoteístas do antigo Egito e o povo hebreu, é certo que não será encontrada escrita no alto das paredes, o que já teria sido descoberto ou o tempo teria se incumbido de apagar. Devemos lembrar que o povo judeu havia sido escravo no Egito e não seria bem vindo ao povo inscrições que se reportassem ao Egito. Se houve algo, estará escondido. Talvez tenha de ser escavado.

— Escavações levarão tempo.

— Vamos nos concentrar na proximidade do Muro das Lamentações. Só lá pode haver algum dado arqueológico daquilo que procuro.

O professor Harahel pensava. Sabia que poderia mexer com algo ligado às tradições religiosas. Mas seu espírito investigativo falava mais alto:

— Está certo, amanhã de manhã nos encontraremos aqui na Universidade.

E os dois se despediram. João Pedro desejava rodar um pouco por Jerusalém para pensar sobre o que procuraria. Não sabia bem ao certo o que procurar. Sabia que as informações passadas ao professor Harahel eram tênues demais. Mas preferiu omitir a informação sobre o sumiço de sua família e dos jovens pesquisadores Ali Aleck e

Shang Lee. Não sabia quem estava com eles e poderia por em perigo a vida do professor judeu.

Além do mais, a ajuda daquele pesquisador judeu seria de grande valia. Optou mesmo pelo silêncio; falara o necessário para conseguir auxílio na pesquisa, mas pensou na segurança de seu amigo, omitindo alguns pontos.

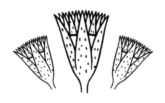

CAPÍTULO VII

Andava, tranquilamente, pelas ruas de Jerusalém. Já não havia mais o burburinho do comércio, mas ainda havia pessoas andando. O clima ameno propiciava a caminhada.

Em certo momento, notou alguém que o observava, mas não teve tempo de reação. Foi empurrado num pequeno beco e teve sua boca tampada para não gritar.

— Não grite! — sussurrou a pessoa que o interceptara. — Não lhe farei mal. Tenho que conversar com o senhor urgentemente.

Se João Pedro houvesse gritado, a presença de agentes de segurança seria imediata. Em razão dos constantes conflitos entre árabes e judeus, o sistema de segurança israelense é bastante eficiente.

Tentou se desvencilhar, mas o agressor impediu-o de se mover.

— Não grite! Não lhe farei mal! — repetiu.

João Pedro parou de se mexer e o outro percebeu que não haveria reações e o soltou. Não havia muita iluminação, o que impossibilitou de ver o rosto de seu oponente, mas o professor perguntou:

— O que quer de mim? Quem é você?

— Prefiro que me chame de "amigo", meu nome não é necessário neste momento. E sei qual a sua razão de estar aqui.

— Desculpe-me, mas não sei do que fala. Talvez tenha me confundido, "amigo"!

— Não, não o confundi. Seu nome é João Pedro Álvares, arqueólogo português que esteve recentemente no Egito com sua família a procura de informações do paradeiro de Shang Lee e Ali Aleck. Lá no Egito, como aconteceu com os outros dois, sua família também desapareceu. Preciso dizer mais algum detalhe?

— Como sabe tanto sobre mim? E eu nada sei sobre o senhor?

— A minha pessoa não importa para o senhor.

— Como não? Como posso ter certeza de que não me fará mal e que posso confiar no senhor se nada sei a seu respeito?

— Saberá o necessário, limitou-se a dizer, indicando o caminho a seguir.

Com efeito, andaram em silêncio alguns minutos até que entraram numa pequena residência próxima ao Muro das Lamentações. Mas nenhuma lâmpada foi acesa. Permaneceram no escuro. Porém notou que as roupas não eram árabes, bem como o sotaque era carregado pela latinidade, provavelmente de alguém originado do sul da Europa.

— Novamente, o que quer de mim?

— Acalme-se! Como lhe disse, não farei mal ao senhor. Estou aqui para ajudá-lo. — Após uma pausa, continuou:

— Nós sabemos do desaparecimento dos dois egiptólogos. Sabemos também do sequestro da sua família.

— Sim, isso eu notei. Mas quem são vocês? Por que, se sabem tanto, não fizeram nada? O que desejam de mim? Quem sequestrou minha família e os dois pesquisadores?

— Tantas perguntas, mas não temos tempo. Muitas de suas dúvidas não precisam de respostas. Serei objetivo.

— Nós somos um grupo de pessoas que através dos tempos tem se dedicado a manter intacto e protegido o segredo do tesouro de Akhenaton até que a humanidade esteja, suficientemente, preparada para recebê-lo e com ele ajudar o desenvolvimento da humanidade.

— Como assim? Tesouro de Akhenaton? Existe mesmo esse tesouro?

— Sim, o tesouro existe. E é de um valor incalculável.

— E ele está no Egito? Os dois jovens estavam perto de descobri-lo?

— No momento, posso dizer que estavam muito longe de saber onde está o tesouro. Posso dizer também que está num lugar secreto, muito bem guardado.

— Um grupo de pessoas... Que pessoas?

— Através dos tempos um grupo de pessoas tem se colocado na defesa desse tesouro. Sempre que o tesouro é ameaçado ele é transportado para outro lugar. Velamos pelo segredo do tesouro através dos tempos, aguardando o momento de poder revelá-lo em todo o seu esplendor.

— Quem são vocês? — perguntou intrigado o português.

— Nós somos quem carrega esse segredo. Não precisamos de nomes, nem somos seitas secretas, nem um grupo de loucos. Somos apenas os responsáveis pela preservação desse segredo. De geração em geração temos mantido esse segredo oculto, aguardando o momento que a humanidade estará preparada para recebê-lo novamente.

— Recebê-lo novamente?

— Sim, a humanidade já teve contato com ele, mas parece que se esqueceu.

— E como saberão quando é chegado o momento de revelar esse tesouro?

— Nós simplesmente sabemos.

— Mas...

— O que o senhor, realmente, sabe sobre o tesouro? -interrompeu o outro.

— Nada de mais. Apenas recebi hieroglifos que significavam "tesouro" e "Akhenaton". Essas eram as primeiras pistas que tinha sobre o paradeiro de Shang Lee e Ali Aleck."

— Nada mais?

— Sim, achei também uma referência a três letras, IVR. Como os hieroglifos mencionavam Akhenaton, fui a Akhetaton para ter mais informações. O que achei de destaque foi: "O tesouro está nos olhos de quem sabe olhar..." Porém o texto está incompleto. Acredito que os dois estavam no paradeiro dessa mensagem para se chegar ao tesouro.

— Hum.

— Quem sequestrou Shang Lee, Ali Aleck e minha família?

— Há tempos temos observado esse grupo de pessoas. Eles também procuram localizar o paradeiro do tesouro de Akhenaton para utilizá-lo em fins espúrios...

— Eles quem?

— Imaginam que, com esse tesouro, terão poder suficiente para construir um exército invencível para dominar toda a humanidade. Mal sabem o que o tesouro representa. No entanto, a cobiça, a ganância, o egoísmo falam mais alto.

— Mas quem são eles?

— O senhor não faz nenhuma ideia?

— Em absoluto!

O suposto guardião pensou um pouco e por fim falou:

— Eu sei o que o senhor procura e sei onde encontrar.

— Sabe? Diga-me então, para que eu possa salvar a minha família e meus amigos.

— Não é o momento de dizer ao senhor. Preciso pensar. De qualquer forma, boa sorte!

— Espere, precisa me dizer onde está. Vidas humanas estão ameaçadas.

— Eu lhe garanto, não farão mal à sua família. Não agora. Estão furiosos com o seu desaparecimento do Cairo, mas não arriscarão a vida de sua família sem mais informações.

— Como sabe tudo isso?

— Simplesmente, sei. Agora temos de deixar esta casa.

— Só mais uma pergunta: foram vocês que me entregaram um papel no Egito dizendo-me que o que eu procurava estaria aqui em Israel?

— Essa pergunta eu posso responder. Sim, fomos nós. Mas agora não devemos falar mais nada.

O misterioso homem arrastou João Pedro para a rua novamente, e andaram um pouco em silêncio, até que em uma rua movimentada, aquele homem desapareceu, sem deixar qualquer vestígio.

— Quem será ele? O que queria? Por que não me disse seu nome? Por que quis permanecer oculto? Teria sido envidado pelo professor Harahel? Não, não poderia ser. Nada disso faz sentido!

Era já tarde, João Pedro dirigiu-se ao hotel para descansar. Mais um dia de intensos desdobramentos sobre o desaparecimento de quatro pessoas. A cada passo, mais enevoada ficavam as ideias do professor português. Não sabia por onde começar, parecia cada vez mais perdido.

CAPÍTULO VIII

No dia seguinte, de manhã bem cedo, dirigiu-se à Universidade Hebraica. Decidiu não relatar nada ao professor Abdão Harahel do ocorrido na última noite. Apesar de estar claro que aquela pessoa sabia quem ele era e que parecia não mentir, referir-se a ele sem qualquer outra informação seria pior para seus objetivos.

Apesar disso, ainda questionava se aquele homem não estaria ligado ao desaparecimento de Shang Lee, Ali Aleck e sua família. Não foi possível reconhecê-lo nem saberia dizer quais eram as reais intenções dele. Mesmo porque, não deixou transparecer isso.

Achou que iria surpreendê-lo chegando cedo, mas foi surpreendido quando lá chegou e viu o professor israelense esperando-o.

— Não podemos perder tempo. Já são 7 horas, o sol vai alto. Temos muito trabalho pela frente. Espero que já tenha tomado café da manhã.

— Sim, já tomei no hotel.

Dirigiram-se para a Esplanada das Mesquitas, lugar cercado, em parte, pelo Muro das Lamentações.

— Não posso entrar na Esplanada — limitou-se a dizer o israelense — quando chegaram ao local desejado.

— Por onde começamos?

O chão do muro é todo calçado.

— Será difícil qualquer escavação aqui, professor. — Disse Abdão Harahel. — Aqui não acharemos nada.

— Façamos o seguinte: analisemos primeiramente o muro. Vejamos se não há nada ali.

Era evidente que a primeira tentativa não daria certo. No entanto, assim mesmo analisaram detidamente o muro. Havia alguns judeus que ali se encontravam fazendo suas orações. Discretamente, olharam cada detalhe, mas não havia nenhum que pudesse elucidar a questão que os levara até ali.

Ao fim do dia, após diversas observações, análises e até alguns cálculos acerca do tamanho do muro e possíveis correlações numéricas e nenhum resultado obtido, reuniram-se para jantar.

— Não foi muito produtivo esse dia — comentou o professor português.

— Já sabemos que ali não há nada. Onde mais deseja ir? Pensa em procurar alguma coisa no bairro cristão?

— Não, acho que não. Preciso pensar um pouco... Espero que não tenha sido em vão minha vinda aqui, senão... — Mas parou de falar.

— Senão?

— Senão terei despendido um grande tempo vindo até aqui atravessando o deserto, sem ao menos encontrar algum indício sobre minha pesquisa.

— Sua intenção foi seguir pelo deserto, como meu povo fez no passado?

— Não exatamente. Quis vir pelo deserto, realmente, para conhecê-lo. Além disso, não há voos diretos que ligam um país muçulmano a Israel.

— Mas sua chegada aqui foi inusitada, se é que podemos dizer assim. De tantas formas possíveis, a sua foi surpreendente.

— É realmente, não foi do jeito mais indicado. Mas eis-me aqui, podendo desfrutar da generosidade e hospitalidade israelense.

E riram enquanto jantavam. Estavam cansados e por isso decidiram se encontrar novamente no dia seguinte na Universidade Hebraica para pensarem o que mais poderia ser feito.

Enquanto João Pedro andava pelas ruas de Jerusalém pensava: "Será que cometi um erro em imaginar que aqui pudesse encontrar algum enigma? Não fui leviano em imaginar um contato entre os hebreus e antigos egípcios? No entanto, o encontro da noite anterior diz que não estou totalmente errado e que fui observado desde o Egito. E até não consegui, tão bem, passar despercebido."

Absorto em seu pensamento, não notou que novamente era seguido. Até que ao passar por uma viela foi novamente empurrado. Tentou reagir, mas notou que era o mesmo estranho da noite anterior.

— Então? Poderá me dizer algo dessa vez?

— Sim, direi onde procurar o que deseja.

— Onde?

— O senhor não estava, totalmente, errado ao procurar no Muro das Lamentações. Pelo menos não na região. O certo é que o que procura não está exposto aos olhos. Lembre-se que: "O tesouro está nos olhos de quem sabe olhar..." E o que procura não está aberto para quem não está preparado ainda para olhar.

— Não entendo o que diz!

— Eu repeti a frase que localizou em Akhetaton. Como sabe, ela está incompleta. Há algo aqui, sim, em Jerusalém, que irá ajudá-lo. Mas quero antes conversar com o senhor sobre o que irei revelar.

— Sim, pode dizer.

— Não aqui, siga-me.

Entre idas e vindas, voltaram à mesma casa da noite anterior. Igualmente sem acender a luz, o estranho falou:

— O que procura não está exposto, está oculto. Senão, o tempo se incumbiria de apagá-lo.

— Sim...

— Ele está sob a Cúpula da Rocha.

— Mas isso é um templo muçulmano. Não posso entrar e fazer uma escavação...

— Ninguém disse escavação. Há um caminho subterrâneo que irá ao que restou do primeiro Templo de Jerusalém. Ao contrário do que muitos acreditam. Restou um pequeno pedaço do muro do templo que ficou preservado sob inúmeras construções. E esse muro é, extremamente, importante, pois contém muita informação.

— Que tipo de informação?

— A informação necessária.

— Qual? — insistiu.

— Eu sei o caminho e poderei lhe indicar até lá. Seu amigo, o professor Abdão Harahel não poderá entrar. O senhor irá sozinho e saberá quando localizar o que procura.

— Mas como, não faço ideia.

— Saberá, apenas isso.

— Mas...

— Amanhã, às 17 horas eu o levarei até lá. Mas quero que se lembre de algo, o que o senhor vir, guarde-o para o senhor. Não revele a ninguém. Quem sequestrou sua família e seus amigos precisam de uma informação. Forneça-a, mas não conte onde a descobriu. Acredito que assim conseguirá ter de volta os seus. Agora temos de deixar esta casa.

Como no dia anterior, saíram daquela casa e andaram por algumas ruas de Jerusalém.

— Agora vá, amanhã nos encontraremos. Apenas esteja sozinho para que eu possa lhe mostrar o que procura.

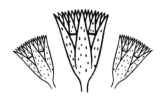

CAPÍTULO IX

Na manhã seguinte, como na anterior, encontraram-se os professores para conversar na Universidade Hebraica. Como no dia anterior, o professor Harahel já aguardava o professor Álvares.

— O senhor não dorme?

— Sim, o suficiente. Mas quando temos trabalho, gosto de ser prevenido e não me atrasar.

— Mas não está atrasado.

— Isso mesmo, não estou atrasado. Venha, vamos à minha sala para conversarmos sobre sua pesquisa. Não tenho nenhuma ideia de onde começarmos. Talvez possamos aclarar nossas ideias com o que você pensa.

Dirigiram-se, pois, ao gabinete do professor.

— Professor Álvares, diga-me, por que acha que possa haver alguma correlação entre os hebreus com algum discípulo da religião monoteísta do antigo Egito? Até onde se sabe, com exceção do monoteísmo em si, não há nada semelhante entre as duas religiões.

— Exato professor. Aparentemente, não há nada, nenhum dado que comprove isso...

— Para ser mais preciso, precisamos entender, historicamente, qual a razão da instituição do monoteísmo no Egito.- Interrompeu o professor Abdão Harahel.

— Sim. Historicamente, há os que defendem que Akhenaton tenha instituído o monoteísmo no Egito para contrapor-se ao poder dos sacerdotes de Tebas. Como a classe sacerdotal possuía muito poder, com os rituais para os inúmeros deuses da crença egípcia, o Faraó, ao afirmar que havia um único Deus, tiraria o poder dos sacerdotes.

— Em outras palavras, tomava para si todo o poder.

— Sim, de fato são esses alguns dos argumentos históricos, senão o mais predominante, para se mostrar que havia uma luta pelo poder naquela fase da história egípcia.

— O que corrobora com essa tese histórica é que, após o fim do reinado de Akhenaton, o politeísmo volta, bem como o poder volta para Tebas.

— Sim, tudo isso é verdade.

—Vê-se, pois, que não há nada que ateste essa possível troca de experiências entre os hebreus e os antigos egípcios monoteístas.

— Não há nada histórico, ainda!

— Então, diga-me o que sabe!

— Pois bem, sabe o professor Harahel que o período de Akhenaton é marcado por mudanças não só na religião, mas também na cultura, dentre outras tantas mudanças.

— Sim, eu sei.

— Sabe também que a mudança nas representações gráficas é marcante. Antes e depois do reinado de Akhenaton, os desenhos são representações estáticas da cultura. Longe de se buscar transmitir fato meramente do cotidiano, visava-se deixar gravado uma mostra do que produziam, do que acreditavam. Os desenhos seriam "fotos", representações de sua crença, de seus costumes, de sua história sem que houvesse interferência do fenômeno tempo. No período de Akhenaton, isso muda tudo, pois as pinturas visavam mostrar o cotidiano. Não se havia mais o desejo de se perpetuar o eterno, mas sim registrar o dia-a-dia, registrando até mesmo o tempo.

_- Continue.

— Pois bem, o próprio Faraó foi mostrado dessa forma. Ele mesmo torna-se falível. Até então, os Faraós são considerados como deuses, e Akhenaton rompe com isso. Consegue imaginar o que isso representa? Sobretudo para aquele povo?

O professor Abdão Harahel acompanhava a explanação de João Pedro:

— Diga-me mais sobre suas ideias.

— Ora, se ele se mostrava falível, isso mostra uma mudança radical na forma de se encarar a vida por parte do Faraó Akhenaton. E ele cria uma cidade, onde tudo era novo. Se o objetivo fosse apenas contrapor-se ao poder dos sacerdotes, poderia muito bem tê-los substituídos de alguma maneira ou usado seu poder para se sobrepor a eles. Mas não é isso que aconteceu. A mudança desejada por Akhenaton alteraria as bases da sociedade egípcia, sem dúvida.

— Então, pela sua tese, professor Álvares, o que motivou as mudanças de Akhenaton não foram as lutas pelo poder entre o Faraó e os sacerdotes. Seria algo mais transcendental, metafísico.

— Se a disputa fosse somente pelo poder, seria sangrenta, sem dúvida. Haveria disputas entre o Faraó e os sacerdotes. Mas não haveria mudança nas crenças. De fato, eu diria que o Faraó Akhenaton visava mudar as estruturas da sociedade egípcia, o que afetaria, evidentemente, o poder sacerdotal. Mas não era apropriar-se de mais poder o seu objetivo de reforma. Era mudar as bases da sociedade. Isso se observa pela simplicidade de Akhetaton, até mesmo na cidade erigida por ele, há mudança na forma de se relacionar com o poder. Ele próprio, Akhenaton, era pacifista, o que mostra que não era a luta pelo poder o perfil de sua reforma.

— Sim, e esses são os argumentos que defendem o contato entre o povo hebreu e os egípcios antigos? Não há aí nenhum dado que aponte esse contato.

— E, dificilmente, haverá através dessa análise da história.

— Então? Como faremos?

— Professor Harahel, se houvesse algum monumento, algum texto, alguma coisa que mostrasse relação entre eles, já seria um indício.

— Mas isso não há...

— Até agora.

— Na Bíblia, em especial no Torá ou Pentateuco, como preferem os cristãos, não acharemos nada, já que as Escrituras apontam para grande sofrimento do povo hebreu no período de escravidão. E na própria época de Akhenaton o povo hebreu já era escravo.

— Sim, está certo. Por isso é que surgem os pesquisadores, como nós. Estive em Akhetaton, pude observar tudo isso.

— Mas por que não continuou o monoteísmo no Egito? É certo que os sacerdotes egípcios não queriam a continuidade daquela religião. Mas e o povo?

— Professor Harahel, o reinado de Akhenaton foi de 17 anos. Não daria para se mudar todo um sistema, sobretudo com a precariedade nas comunicações. O povo vivia uma tradição antes e aqueles que buscavam por manter o poder fizeram de tudo para que retornasse o *status quo*. Há correntes de pesquisa que afirmam que Akhenaton tenha sido assassinado.

— Sim, há quem pense assim.

— Porém, e isso é importante, apesar de o monoteísmo ter sido relegado pela sociedade egípcia, muitos daqueles que viveram em Akhetaton seguiram para a antiga capital, Tebas. Talvez alguns de seus descendentes tenham se relacionado com os hebreus. É possível. E ademais, Moisés viveu no palácio real quando jovem. Não teria ele tido contato com algum desses descendentes?

— É possível, professor Álvares.

— Acrescente-se a isso que, tradicionalmente, quando determinado grupo religioso é perseguido, ele não deixa de existir simplesmente em razão da perseguição. Seus membros procuram mantê-lo, mesmo ocultamente, mas continuam em suas crenças. Esse fato se evidencia com o que aconteceu com os cristãos no Império Romano. Quanto mais eram perseguidos, mais enraizada ficava a crença deles. O resto da história é conhecido.

— Sim, tomaram o poder de Roma ao transformar a religião cristã como oficial em Roma. E isso levou mais de 300 anos.

— Percebe, professor Harahel? Isso prova, pelo menos em parte, a possibilidade de continuidade do monoteísmo no Egito, mesmo após a morte do Faraó Akhenaton de forma oculta.

— Mas até chegarmos a um contato entre os hebreus e os egípcios de forma que pudessem ter trocado experiências e conhecimento acerca da religião é realmente muito trabalhoso.

— Esse é o ponto.

Após, saíram para andar um pouco pela cidade e aproveitaram para almoçar. No período da tarde, conversaram um pouco mais e ainda aproveitaram para passar por alguns pontos de destaque da cidade de Jerusalém. Viram o Knesset, sede do parlamento de Israel, passaram também pelo Museu de Israel e se dirigiram para o Santuário do Livro, onde se encontram os pergaminhos do Mar Morto, devidamente, acondicionados em ambientes destinados à preservação desses documentos. Puderam ver ainda o Teatro de Jerusalém e outros locais. Todos os pontos de arquitetura primorosa.

No entanto, João Pedro pouco aproveitava daquele passeio. O tempo estava correndo e precisava de alguma informação para passar aos sequestradores de sua família e de seus amigos. Teria de arrumar um jeito de se afastar do professor Abdão Harahel, pois às 17 horas poderia ter alguma resposta. Tinha de arrumar um jeito de esconder a ansiedade e um modo de ficar sozinho.

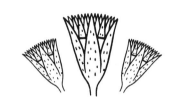

CAPÍTULO X

— Professor Harahel, acho que não produziremos mais nada hoje. Preciso ficar sozinho um pouco para pensar. Vou ao hotel. Quem sabe lá, no sossego do meu quarto eu não penso em algo.

— Prefere assim? Tudo bem. Você sabe meu telefone, se quiser ou precisar falar comigo, estarei à sua disposição.

— Assim eu poderei refletir sobre as pesquisas no Egito Muito obrigado. Teremos ainda boas conversas.

— Acredito que sim.

Efetivamente, João Pedro foi ao hotel descansar um pouco. Não sabia o que encontraria às 17 horas.

"E se fossem os mesmos que sequestraram Ali Aleck, Shang Lee e minha família?"— pensou.

No entanto tinha uma certeza, o sotaque do misterioso homem que o procurara em Jerusalém era diferente dos três que encontrara no Cairo.

Além disso, o modo de agir era diferente, bem como a roupa que vestiam. Enquanto os sequestradores não faziam questão de se esconder, esse misterioso preferiu, até aquele momento, ocultar seu rosto.

"Como faria agora que se encontrariam no fim da tarde?"

Tudo era muito estranho. Não sabia o que pensar. No entanto, sentia que poderia confiar naquele misterioso interlocutor.

As horas correram e João Pedro saiu pelas ruas de Jerusalém. Não sabia como seria encontrado. Provavelmente, pensava, era seguido constantemente, mesmo que não notasse.

"Mas como sabiam que estava em Jerusalém e não no Cairo? Saíra do Cairo às ocultas! Quem estava por trás de tanto mistério?"

E seguia seu caminho pela rua até que ouviu uma voz já conhecida:

— Continue andando e vire à esquerda.

Já sabia quem era. Ao virar à esquerda pode ver o rosto daquela figura misteriosa e igualmente curiosa. Era branco, barba por fazer, olhos claros e pele bastante queimada. Notou que caminhavam para a mesma casa que estiveram nas duas noites anteriores.

— O senhor fez tanta questão de se manter oculto nas noites anteriores. No entanto hoje, se mostrou. — disse o professor ao entrarem na casa.

— Talvez fosse uma forma de manter-me oculto enquanto fosse necessário. — respondeu sem olhar ao português. — Iremos por aqui por baixo. — Apontou levantando uma pedra do chão. — Pegue esta lanterna.

— Onde estamos?

— Estamos próximos ao Muro das Lamentações e da Cúpula da Rocha. Qualquer escavação nesta área é impensada por várias razões, o professor sabe. Nosso grupo fez estas escavações há muitos anos para termos acesso ao que procura.

— E o que veremos?

— Já saberá. Mas antes quero que me garanta que não irá divulgar o que verá. Decidimos mostrar-lhe para que salvasse seus amigos e sua família. Apenas isso. Terá a informação necessária para libertar sua família e os dois pesquisadores. Mas não divulgue, sob hipótese alguma, o que verá aqui.

— Mas por quê? Por que tanto mistério? O que há aí que não devemos divulgar ao mundo? Seja o que for, o grande público tem o direito de ter acesso a essas informações. Se for importante para o progresso da humanidade, mais uma razão há para sua divulgação. O mesmo se puder alertar para algum mal atual. Acho que há egoísmo da parte de seu grupo, seja lá o que for.

Se não me prometer, não poderemos ir.

João Pedro hesitou um pouco, mas decidiu por não contar nada. Tinha muito a perder.

— Certo, não contarei nada.

— Aqui terá acesso a algo que a muito tempo é guardado por nós e que mostra a existência de um tesouro que poderá ajudar a humanidade. Após ver o que temos aqui, muito de sua compreensão sobre a importância desse tesouro ira ampliar e poderá salvar sua família.

O misterioso entrou primeiro no túnel, descendo por uma escada. Após ele, desceu o professor português.

— Só mais uma coisa, após ver o que temos aqui e descobrir o valor real do tesouro que está oculto, entenderá porque ainda não é o momento de revelá-lo. A humanidade ainda está corrompida para ter acesso a esse tesouro inestimável.

Aquele túnel parecia ser antigo, em razão da irregularidade das paredes. Ao longo do caminho, observou o professor português que nas paredes havia diversos sinais, alguns conhecidos por ele. A temperatura era amena dentro do túnel.

Caminharam alguns minutos num túnel que tinha algumas curvas. Não havia, porém, outras entradas que poderiam levá-los a se perder.

— Raramente, entramos aqui. Preferimos guardar esse segredo, evitando vir aqui.

Andaram mais um pouco até que o misterioso guardião falou: — Siga em frente. Eu esperarei aqui. Ali na frente encontrará o que procura. Não precisa ter pressa. Estarei aguardando até o seu retorno.

João Pedro olhou intrigado ao companheiro de jornada, mas seguiu em frente. Se tinha chegado até ali, não podia mais recuar.

Com efeito, alguns passos adiante descobriu o que aquele guardião falava. Havia ali um pedaço do primeiro Templo de Jerusalém, construído por Salomão. Não era grande, como imaginava. Observou atentamente e nada viu.

"O que estariam tramando ao trazê-lo até ali e nada achar, a não ser uma parede. Terei entrado em uma cilada?"— Pensava.

Como a escuridão era total, iluminava cada pedaço do muro com vistas a encontrar algo. Começou pelo alto, tentando identificar algo sem sucesso. Havia muitas pedras em volta, sobretudo na base. Não notava nada escrito até que, ao se fixar na base do muro, notou alguns sinais.

Primeiramente, notou algo na base do muro, escondido, bem ao pé, próximo ao solo. Retirou algumas pedras e viu uma pequena inscrição, seguida de outra, ambas com caracteres pequenos, mas perfeitamente identificáveis:

𐤗 𐤕 𐤀

𐤄 𐤉 𐤄 𐤕

Conhecedor de línguas antigas, sabia o significado daquelas letras. Sabia que os textos hebraicos não utilizavam vogais.

O segundo escrito era evidente, era o nome de Deus escrito em aramaico. Rapidamente, sentiu um estremecimento. Para que encontrasse algo escrito dessa forma, sabia que estava diante de um grande achado.

As outras letras, consoantes, eram facilmente identificáveis. Significam as consoantes da palavra *tesouro*. Eis aí algo que realmente mudava tudo. Não fazia nenhum sentido inicialmente, mas também esclarecia muito. Não errara de ir a Israel. Aquele bilhete estava correto. Encontrava, sim, algo importante. Continuou a análise, até que encontrou algo ainda mais revelador: "O tesouro está nos olhos de quem sabe olhar".

Lembrava-se daquela frase, encontrada em Akhetaton. Mas agora havia um complemento: "O tesouro está nos olhos de quem sabe olhar, nos ouvidos de quem sabe ouvir..."

Sem dúvida, estava no caminho certo. Apesar de também incompleta essa frase, não havia dúvida que estava ali algo que comprovava o contato entre os hebreus e os antigos egípcios seguidores de Akhenaton. Mas O que teriam em comum? O que significava aquela inscrição? A que tesouro se referia? O que significava aquela mensagem: "O tesouro está nos olhos de quem sabe olhar, nos ouvidos de quem sabe ouvir..." Houve influência de uma religião na outra? Que tipo de ligação há entre as duas correntes religiosas?

Nada fazia sentido, no entanto, sabia que havia algo mais ali. João Pedro ficou um tempo pensando e depois recolocou as pedras no lugar de forma a deixar da forma como tinha encontrado. Voltou, lentamente, ao encontro de quem lhe havia proporcionado aquela descoberta.

— Então, viu o que procurava?

— Sim... — balbuciou João Pedro — sim, encontrei. Isso mostra que ocorreu um contato entre os hebreus e seguidores de Akhenaton.

— Há mais do que isso. Ambos citaram a existência de um tesouro. Os hebreus foram até mais diretos, se é que o professor notou a inscrição.

— Sim, notei a inscrição. Diz um tesouro, um tesouro de Deus.

— É verdade, um tesouro de Deus. Talvez mude um pouco sua visão sobre o tesouro que procura.

— Sim, muda. Mas não procuro um tesouro, mas sim um jeito de encontrar minha família e meus amigos.

— No caso, já sabe o que dizer aos sequestradores. Dirá o restante da frase para eles. Aparentemente, a frase que localizou está incompleta. Mas não diga isso. Diga que a localizou e passe para eles essa informação. Pelo que sei, aquele grupo está dividido sobre a existência ou não de um tesouro em ouro, prata e pedras preciosas de Akhenaton. Há quem pense que esse tesouro não exista, não passe de uma metáfora. Acredito que, se virem essa frase, pensarão que é realmente um jogo de palavras e se esquecerão de procurar o tesouro, e também libertarão sua família e seus amigos.

Começaram o caminho de volta. O tempo tinha passado, mas não tinham notado. Já era noite avançada, quando retornaram àquela casa. As ruas estavam totalmente silenciosas. Aquela casa sempre escura agora apresentava uma pequena luz que possibilitava de conversarem sem que houvesse a impressão de estarem sendo observados.

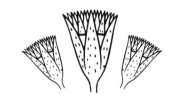

CAPÍTULO XI

— Apesar de tudo, não entendi o que tudo isso significa?
— Mas o que mais quer entender? O que mais precisa ser entendido? Não observou a frase? "O tesouro está nos olhos de quem sabe olhar, nos ouvidos de quem sabe ouvir..." O que mais precisa saber? Quando os olhos e os ouvidos, que o senhor possue, estiverem prontos, o senhor, completamente, estará preparado, para ter esse tesouro. Quem sabe até em ser senhor desse tesouro. Antes não.
— Mas então esse tesouro não é de ouro, prata e pedras preciosas?
— Pode ser também. Ninguém disse que não é.

— Mas deve haver mais do que bens materiais.

— Essa interpretação é sua, professor. Eu não disse o que há guardado.

— O senhor já viu esse tesouro?

— Professor, o que mudará se eu responder que, sim ou que, não? Não é isso o que precisa saber.

— Tudo bem. Continuo com dúvidas. Houve realmente uma troca de experiências, conhecimento entre os hebreus e os egípcios antigos? Teriam se influenciado mutuamente? E quem são vocês que guardam esse segredo e não revelam? Quem sequestrou minha família?

" Em relação à terceira pergunta, é mera curiosidade do senhor. Talvez não precise disso agora. Entendendo o valor do tesouro, naturalmente entenderá nossa missão. Às duas primeiras perguntas restarão sempre as indagações, os argumentos prós e contras, as crenças e tudo o mais. Se houve ou não esse contato, cabe a cada um responder e acreditar ou não. Mesmo após o que viu, essa pergunta será sempre seguida de acalorados debates, sobretudo entre cientistas presos a questões fáticas, e religiosos ligados às suas crenças. Como cientista, sabe que a ciência busca uma demonstração cabal, fática do que é pesquisado ou analisado, mas a crença busca algo que a ciência não é capaz de dar, que está inerente ao ato de acreditar, de ter fé. Por mais que a ciência possa demonstrar determinado fato, a crença de cada um é a melhor das experiências no campo religioso.

— Sim, eu sei. Haverá uma eterna discussão entre esses grupos. Muitas vezes, até dizem as mesmas coisas, usando palavras e argumentos diferentes, mas poucas vezes, são capazes de se sentarem à mesa para obter uma resultante.

— É a velha máxima: Tese, Antitese, Síntese. Aplica-se também neste caso, professor?

— Aplica-se, sim... Mas não me respondeu quem sequestrou minha família.

— Em relação a essa pergunta, já pensou no que pode significar as letras IVR?

— Já procurei decifrar isso, mas não entendi nada até agora. Tem algo a ver com o sequestro?
— O que acha?
— Achava que tinha algo a ver com o tesouro.
— Não, infelizmente não. Há um grupo de pessoas que ainda se prende a valores de dominação sobre outras. Eles querem se apropriar desse tesouro para construir um exército com o objetivo de implantar um pensamento já ultrapassado de dominar o mundo.
— Quem são?
— Acreditam em velhas crenças de superioridade e querem reavivar esse conceito. Para isso, alguns de seus membros acreditam que esse tesouro tem ouro, prata e pedras preciosas o suficiente para construírem um exército com tudo o que a tecnologia é capaz de construir de melhor ou de pior, depende do ponto de vista.
— Entendo.
— Não, ainda não entendeu onde quero chegar. Dentro desse grupo não há homogeneidade de pensamento sobre o tesouro que guardamos. Uns realmente apenas acreditam em um bem material. Valiosíssimo, incalculável, como acreditam. Já outros acreditam que há mais do que isso e que, com esse tesouro poderão ter armas ainda mais destruidoras. E isso acrescento, é beirar a destruição em massa da humanidade.
— E eles sabem o que é o tesouro?
— Suposições, apenas suposições, como as suas. No entanto, são unânimes numa coisa: esse tesouro é real, muito valioso e acreditam que ele será útil aos objetivos deles, de dominação e imposição pela força.
— E é possível mesmo usar esse tesouro para isso? Ele tem tal força?
— O destino desse tesouro é servir de instrumento para o progresso da humanidade, seja qual for o parâmetro de visão de quem o conhecer.

— Nada faz sentido.

— Com o tempo entenderá. Mas voltemos a quem sequestrou sua família. O senhor é professor de História em Portugal. Então não precisarei entrar em pormenores sobre a Segunda Guerra Mundial. Ao fim dessa grande guerra, a mais destrutiva até hoje e que deu oportunidade para que as mais sombrias faces da humanidade se aflorassem, o Terceiro Reich foi destruído. Porém, apesar de tudo o que ficou demonstrado, de que a intolerância, o racismo, o desrespeito, a ditadura, a supremacia de um povo sobre outro, nada disso fazia sentido, um grupo de militantes daquele movimento falou que um dia reinstituiriam um novo Reich, desta vez o quarto.

— Hum.

— O "IV" Reich — desenhou, no chão, o misterioso homem aquelas letras.

— IVR significa o Quarto Reich?

— Sim, e para isso eles precisam dentre outras coisas de dinheiro. De forma oculta, eles têm procurado conseguir esse dinheiro e sempre que há indício de algum montante que possa ser utilizado por eles, passam a procurá-lo. De algum modo chegou aos ouvidos deles a existência de um tesouro de Akhenaton. Desde então eles procuram por esse tesouro para ter, para alguns, o dinheiro suficiente.

— Mas como souberam?

— Não sei. Mas há um grupo dentre eles que acredita em uma energia mais sutil e que o tesouro de Akhenaton seria algo mais etéreo que material. Eles foram membros de sociedades secretas dentro do nazismo e acreditam que o Quarto Reich será o retorno dessas energias puras que, no nosso mundo, são representadas pela pureza de raça.

— Ainda há quem pense assim?

— Sim, eles pensam assim. Dessa forma, nosso grupo tem monitorado a movimentação deles no Egito e em outros lugares. E ficamos sabendo do sequestro de Ali Aleck, Shang Lee e sua família.

— Nossa, é muita coisa. Preciso refletir um pouco. Está me dizendo que há um grupo de pessoas, possivelmente, de origem germânica, que quer recriar o Quarto Reich. Para isso precisam de dinheiro e acreditam que esse dinheiro possa vir de um possível tesouro ligado a Akhenaton. Para conseguir isso sequestraram minha família e os dois jovens pesquisadores.

— Resumidamente, é isso. Mas não se engane, esse grupo, que se corresponde pela sigla IVR, não é tão ingênuo como possa parecer. Eles estão, devidamente, organizados e, diferente de outros grupos, eles traçaram tudo o que desejam. Não são jovens sem perspectiva futura. É um grupo meticuloso, frio, que sabe quais são seus objetivos, e o que fazer para atingi-lo. Só mais uma coisa, não são germânicos. Eles não pertencem a uma nação especificamente. São pessoas de várias origens nacionais que se ligam, por uma razão ideológica a esse ideal de dominação do mundo. Não estão atrelados a nenhum Estado e, pelo que notamos, querem dominar o mundo, levando-o a uma guerra sem parâmetros na nossa história. No meio dessa guerra, tentarão assumir o comando de várias nações, escolhidas por eles e que usarão do poder militar e econômico para se sobrepor às demais nações. Aí terão conseguido seu objetivo. Mas antes, precisam de muito dinheiro para que possam eles mesmos ter um exército que possa dar início a essa guerra. Esse exército de mercenários não lutaria por um objetivo, mas apenas por dinheiro.

— E por que não avisam às autoridades? É possível que as autoridades estejam atrás desses racistas.

— Se fosse fácil assim, já teríamos feito ou algum outro já as teria alertado. Esse grupo é influente, tem dinheiro e tem poder. Está enraizado em várias sociedades e utiliza-se do poder econômico para conseguir mais seus fins. Mas precisam de mais dinheiro. Alertar às autoridades, seria alertá-los de que há pessoas que estão de olho nas atividades deles e poderiam mudar seus planos. Agindo em segredo, conseguimos inúmeras descobertas.

— E como conseguem isso? Quem são vocês? Como conseguem tanta informação?

— Nosso grupo, como eu lhe falei, tem através das gerações protegido o tesouro. Nós também sabemos aproveitar o que a sociedade tem a oferecer. Sabemos utilizar as ferramentas da humanidade e temos também pessoas influentes que conseguem ter acesso a informações. Assim, de forma oculta, atualmente, ocorre uma grande guerra sem que a sociedade sequer imagine o que acontece.

— Mas precisam alertar as autoridades. Não é possível que pessoas racistas possam continuar, impunemente, agindo na sociedade.

— Professor, está se deixando guiar pelos impulsos. Inúmeros grupos sociais deixam-se levar pelo que a mídia coloca, sem reflexão alguma. Isso não é uma característica sua.

— E como sabe, como reajo?

— Sabemos mais do que imagina, acredite.

"Sim, certo" — refletiu o professor. Agora descobrira quem havia sequestrado sua família e seus amigos e tinha de agir.

— O que faço a partir de agora?

— Como eu disse, já sabe o que dizer aos seqüestradores. Pode ser que acreditem ou não, e creio que conseguirá o resgate dos quatro.

— E se não conseguir?

— Sinceramente, se não conseguir, que Deus o proteja.

João Pedro não se animou com o que ouviu. De fato, ficou estarrecido tal a frieza com que aquele estranho lidava com a situação.

— Agora vamos embora. Em breve amanhecerá e o professor Abdão Harahel o esperará na Universidade Hebraica. Quanto mais rápido retornar ao Cairo, mais rápido irá libertar seus amigos e sua família.

Partiram e, como nos dias anteriores, em pouco tempo, aquele estranho homem sumiu no meio da multidão.

João Pedro não sabia se voltaria a se encontrar com ele, muito embora imaginasse que isso poderia acontecer e em breve.

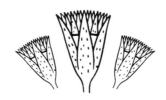

CAPÍTULO XII

Deu tempo apenas, de ir ao hotel, tomar um banho, e voltar para a Universidade Hebraica. Era evidente o cansaço, mas precisava tomar uma decisão urgente. Como poderia contar ao professor Abdão Harahel que tinha terminado suas pesquisas sem sucesso? O professor Harahel, sem dúvida, iria apalear ao seu senso investigativo. E se falasse a verdade de que encontrara um possível elo entre os egípcios antigos e os hebreus, abriria a possibilidade de novas indagações.

Havia alternativas, como viajar, diretamente, ao Egito, sem falar, previamente, com o professor israelense, entrando em contato, posteriormente, com alguma desculpa. Ou ainda, falar o real motivo de estar ali, os sequestros, o tesouro e tudo o mais.

Não, parecia tudo muito irreal para contar aquela história ao professor Harahel que o recebera tão bem e que estava auxiliando-o muito em sua estada em Israel. E depois haveria inúmeras cobranças e mais perguntas. Temia até perder a confiança de alguém que se mostrou tão prestativo quando precisou.

"O que fazer?"- pensava.

Enquanto ia rapidamente à Universidade Hebraica pensava no que dizer. Até chegou a uma conclusão. Diria que recebeu um telefonema do Cairo, dizendo que um de seus assistentes precisava de ajuda e, em razão disso, voltaria urgentemente.

Não gostava de mentir. Torturava-lhe a ideia de contar uma mentira para alguém que sempre se mostrou tão solícito. E para piorar, conhecia a algum tempo o professor Abdão Harahel. Mentir para ele, não era o que mais agradava ao professor português. Mas tinha de fazê-lo, até mesmo para proteger o colega.

Diferentemente dos dias anteriores, Abdão Harahel não o esperava na entrada da Universidade. Achou que deveria esperá-lo ali na entrada.

"Pelo menos cheguei um dia antes dele."- Pensou.

No entanto, um funcionário da Universidade lhe falou:

— O professor Harahel encontra-se em seu gabinete. Disse-me para avisá-lo, quando chegasse.

João Pedro seguiu para o gabinete do professor israelense e lá chegando encontrou-o no meio de alguns afazeres docentes.

— Sinto muito não tê-lo esperado lá fora. É que tinha algumas pendências para colocar em ordem. Sabe como são os prazos.

— Sim, sei muito bem o que são.

— Diga-me, pensou em algo ontem?

— Pensei, sim, professor Harahel. Conforme já havíamos conversado, se fosse para haver algo, não seria na superfície, pois já estaria descoberto. E escavações são inviáveis sem um profundo estudo do governo israelense. De forma que procurarei em outras fontes alguma coisa que possa explicar esse intercâmbio de informações entre os hebreus e os egípcios. Se é que isso é possível demonstrar algum dia.

— Já tem dúvidas sobre suas ideias?

— Um pesquisador não pode trabalhar com ideias fixas. Deve antes estar aberto, para que possa analisar os dados que obtém.

— E quais fontes pensa em consultar?

—Talvez, voltando ao Egito.

— Já volta para o Egito. Acabou de vir de lá do jeito mais inusitado possível.

— Sim, é verdade. Mas acontece que recebi um telefonema de um assistente dizendo que precisava da minha presença no Egito. Talvez tenha descoberto algo.

— Está certo. Mas desistiu muito rápido, de suas pesquisas em Israel. Parece que um obstáculo tirou o seu entusiasmo. Às vezes, analisando-se alguns textos ou fazendo estudo *in loco*, poderia encontrar mais alguns dados. Surpreende-me o jeito como entrou em Israel e já ter desistido, decidindo voltar para o Egito sem nenhum dado mais conclusivo.

— Irei ao Egito ver o que meu assistente necessita. Talvez lá eu possa obter mais dados. Lembre-se, não é uma desistência, é apenas a retomada das pesquisas no Egito. Porventura eu tenha de voltar aqui no futuro. Quem sabe? Se eu voltar, ficarei feliz em encontrar-me com você, professor Harahel.

— E eu também, professor Álvares. E mais ainda em ajudá-lo. Mas lembre sempre que precisar, poderá me procurar.

Despediram-se e João Pedro foi ao hotel pegar sua bagagem. Tinha um longo caminho de volta ao Cairo, só que, desta vez utilizaria o avião, mesmo que fosse com várias conexões. Uma nova aventura no deserto não era um dos seus planos preferidos.

Enquanto fazia a viagem, de retorno ao Egito, poderia pensar acerca de tudo o que conseguira daquele intrincado quebra-cabeças. Sem dúvida, fazia progressos. Já sabia quem havia sequestrado sua família e seus amigos. E tinha noção que não eram as melhores pessoas para se negociar alguma coisa.

Conseguira também mais algum elemento, ainda que pequeno, sobre o enigma do tesouro. A frase inicial encontrada em Akhetaton agora estava um pouco maior, em razão do que vira no subterrâneo de Jerusalém. A frase: "O tesouro está nos olhos de quem sabe olhar, nos ouvidos de quem sabe ouvir..."Ainda não fazia sentido para ele, mas sabia que estava progredindo.

Mas as palavras daquele estranho guardião de Jerusalém mais o confundiram, do que solucionou a questão sobre o que realmente é esse tesouro. De qualquer forma, sabia que deveria ser algo bastante valioso, seja material ou não, pois para um grupo de neonazistas querer tanto essa riqueza para financiar um exército, é porque o valor deveria ser alto. E mais ainda, para um grupo que diz estar a gerações zelando pela segurança dessa preciosidade só aumentava o mistério sobre o que realmente seria esse tesouro, sua importância e o seu paradeiro.

O tempo corria e precisava encontrar um meio de libertar seus amigos e sua família.

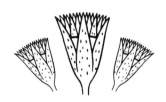

CAPÍTULO XIII

João Pedro chegou ao Egito sem avisar ninguém. Sua primeira providência foi se dirigir à casa de Ali Kazan. Como estivera sem se comunicar nesses dias, talvez houvesse já terminado aquele sequestro, muito embora não acreditasse nessa hipótese.

Chegou à casa de Ali tarde da noite. Tudo estava apagado. Bateu uma vez... Bateu a segunda vez. Até que Ali perguntou:

— Quem é?

— Sou eu, João Pedro Álvares.

— Ah, é você! — e abriu a porta.

João Pedro entrou e viu que Ali estava com uma arma na mão.

— O que é isso? O que aconteceu?

— No mesmo dia, que o senhor foi a Israel, aqueles homens me procuraram novamente. Fizeram inúmeras ameaças e disseram que se o senhor não aparecesse em, no máximo, 15 dias, iriam matar a todos, incluindo a minha família. Mandei minha mulher com meus filhos para a casa de parentes, longe do Egito. Meu primo os levou e acredito que estão em segurança. Dois dias depois, aqueles dois que encontramos na rua com alguns capangas egípcios me pegaram na rua e me ameaçaram. Diziam que eu sabia onde o senhor estava, mas eu neguei sempre. Volta e meia, vejo alguém rondando a casa e tenho evitado sair. A situação está bastante difícil e não tenho conseguido trabalhar.

—Você não disse nada onde eu estava?

— Não, absolutamente nada. Tentei tomar algumas informações por amigos e parentes. Mas eles dizem que nada sabem e não conseguiram nenhuma notícia. É como se não existissem.

— Desculpe-me, amigo Ali, por tê-lo colocado nessa situação, mas era preciso viajar a Israel sem que eles soubessem. Lá consegui algumas coisas importantes. Verá que valeu o risco.

— Eu quem tenho de pedir desculpas ao senhor, pois eu pedi que viesse, me ajudar, a achar, meu filho.

— Você é um grande amigo, Ali, não poderia tê-lo deixado nesse momento. Vim para ajudá-lo.

— Mas o que descobriu lá?

— Primeiro, falarei a pior parte. Descobri quem sequestrou Ali Aleck, Shang Lee, Sofia e Luís Augusto.

— Descobriu? Quem são? Como faremos para pegá-los? O que querem? De onde são?

João Pedro fez um pequeno suspense e depois falou:

— Precisamos ter calma. Lembra aquelas três letras que encontramos nas anotações de Ali Aleck e Shange Lee?

— Sim, lembro. Elas estão aqui. — E Ali Kazan mostrou os documentos.

— Na verdade é assim que se escreve: IV R.

— Não entendi.

— Ludwig Von Schutze tem sotaque do norte da Europa, da mesma forma daqueles dois outros com quem conversamos na rua após o sequestro da minha família. Lembra quando estávamos com Ludwig Von Schutze e caiu uma documentação da pasta dele? Pensei ter visto esta sigla, mas não dei importância. Mas agora sei o que é!

— E o que significa? — perguntou ansioso o egípcio.

— Na verdade, IV R significa: Quarto Reich. Ele não deve ser professor, mas o certo é que está atrás de alguma coisa para as pretensões dele e do grupo dele. Por que ele insistiria tanto em falar com a gente sobre o que investigamos? Na verdade, Ali Aleck e Shang Lee descobriram algo muito importante e alguém muito poderoso está atrás dessa descoberta. Sequestraram minha família para me forçarem a encontrar o que Ali Aleck e Shang Lee começaram a desvendar, mas foram impedidos. Não sabíamos quem são eles, mas agora sabemos.

— Mas como podemos achá-los? — perguntou Ali Kazan.

— Da mesma forma como nos encontraram antes. Amanhã sairemos nas ruas e eles nos acharão.

— Aqueles egípcios! Como podem se aliar a essas pessoas? Trabalhar para eles? Nem parecem que somos do mesmo povo!

"Dinheiro Ali. Talvez, não saibam para quem trabalham e o dinheiro consegue ser um ótimo argumento.

— Jamais faria isso! Então quero ver se entendi. Quem sequestrou meu filho, Shang Lee e sua família são neonazistas. E estão atrás do quê?

— Acreditam que exista mesmo um tesouro de Akhenaton. Por isso, querem essa riqueza, para construir um exército poderoso, e iniciar uma grande guerra. Assim, com o mundo envolto no caos de um grande conflito, eles tomariam o poder de alguns países e iniciariam sua dominação. O que querem, pelo que descobri, é dominar a Terra. Usarão do poder militar e econômico para isso.

Não querem exterminar nenhum povo, mas querem que os povos se submetam a eles, à raça deles, por se acharem superiores aos demais.

— E o tesouro serviria para isso?

— Segundo eles, o tesouro é tão valioso que poderá financiar todas as ações deles.

— Então, há muito ouro nesse tesouro?"

— Na verdade, não sei.

— Então! Para financiar um exército desse tamanho é preciso muito dinheiro!

— Sim, Ali, é verdade deve ser muito valioso...

— Mas como descobriu tudo isso, professor?

— Pois bem, ao chegar à fronteira de Israel, como era óbvio, fui interceptado pelo exército israelense. Eu contava com isso para ser levado para Tel-Aviv ou, com muita sorte, para Jerusalém. Pois bem, após me identificar e ser interrogado, ligaram para o Ministério dos Negócios Estrangeiros de Israel, o qual entrou em contato com o governo português. Em pouco tempo, um professor da Universidade Hebraica de Jerusalém, amigo de alguns congressistas, se dispôs a me receber em Jerusalém. Era tudo o que eu precisava naquele momento.

— E depois?

— Conversei com ele. Tive de inventar uma história para ele infelizmente. Não gosto de mentir, mas sabia que colocaria a vida dele, em risco, se contasse a verdade. Falei que precisava de ajuda para pesquisar nas imediações do Muro das Lamentações.

— E lá encontrou o que procurava?

— Não. Não foi lá. Quando andava sozinho pelas ruas de Jerusalém, uma pessoa misteriosa me interceptou e me disse que sabia quem eu era, o que eu procurava e sabia onde encontrar.

— E o professor?

— Abdão Harahel, professor Abdão Harahel. Ele me ajudou. Conversamos muito sobre as teorias que eu tive de lhe contar para explicar um possível contato entre os hebreus e os egípcios antigos no que se refere às crenças religiosas. Fomos ao Muro das Lamentações olhamos e realmente nada encontramos.

— E onde achou?

— Achei, conforme tinha me dito aquele homem misterioso, perto do Muro das Lamentações, mas num lugar que, a pedido dele, não posso revelar.

— Sim, é certo... Talvez ele precise desse silêncio... Mas por quê?"

— Bom, ele me pediu para não contar, pois quer manter em segredo o suposto tesouro. Mas o que vi lá foi o seguinte; lembra aquela frase que achamos em Akhetaton?"

— Sim, lembro.

— Recorda o que diz?

—"O tesouro está nos olhos de quem sabe olhar"— acredito eu.

— Exato. É exatamente isso que está escrito lá. E não se esqueça de que estava incompleta. E em Israel achei essa frase, mas mais completa: "O tesouro está nos olhos de quem sabe olhar, nos ouvidos de quem sabe ouvir..." escrito em aramaico. Como vê, é a mesma frase, mais completa, mas ainda não totalmente completa.

— Sim, vi que está mais completa. Mas ainda não entendi o significado.

— Sinceramente nem eu. Mas não importa. O importante é que fiz alguma descoberta em Israel. Não perdemos tempo.

— E esse misterioso não disse mais nada?

— Ele me disse quem havia sequestrado seu filho, minha família e Shang Lee. Disse também que pertence a um grupo que a gerações guarda o tesouro. Segundo ele, muito valioso.

— Qual o nome dele? O que mais disse?

— Ele não falou o nome dele. Mas disse também que não podemos alertar as autoridades, pois esses neonazistas são muito poderosos. E que o grupo dele também é bastante forte e está pronto, para tomar todas as medidas, para evitar, que esses bandidos tenham acesso ao tesouro.

— E como conseguiremos resgatar os quatro?

— Se eu disser essa frase, talvez, eles os libertarão. Pode ser que tenham mais informações e com essa frase eles possam ter as respostas de que precisam. Assim, libertariam os quatro. Mas aquele homem misterioso pediu para eu não dizer onde achei a frase."

— Acha mesmo que libertarão os quatro? Eu não acredito.

—Temos de arriscar. É o que temos agora.

— Sim, é isso... — disse resignado Ali.

— Ah, mais uma coisa! — e João Pedro mostrou para Ali Kazan. — Junto daquela frase havia ainda outras duas inscrições em aramaico. Na primeira estava escrito *tesouro*, na segunda, o nome de Deus. Se isso estava escrito ali, é porque se referia a algo muito valioso.

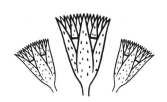

CAPÍTULO XIV

Saíram à rua logo de manhã cedo. Tinham pressa de serem interceptados para poderem libertar os quatro sequestrados e terminar com aquela situação.

Andaram um pouco pelas ruas até que aquelas duas sinistras figuras se aproximaram, acompanhados dos capangas egípcios. Ali ficou um pouco agitado, mas João Pedro disse com voz bem baixa:

— Calma, muita coisa depende disso agora.

Ali fez o que o amigo indicava e rapidamente aquele grupo se aproximou.

— Então, professor, depois de suas férias, resolveu voltar? Pelo bem de todos, espero que tenha algo que queremos.

— Sim, eu tenho. Mas antes quero minha família e os dois pesquisadores libertados.

— A sua condição não permite que exija nada. Acompanhe-nos!

Pensaram os dois amigos que iriam segui-los pela ruas do Cairo, mas enganaram-se. Um caminhão se aproximou e foram empurrados para dentro. Tudo estava escuro lá dentro e os capangas egípcios também entraram.

Andaram por algum tempo. Depois pararam. O dia foi passando e a fome aumentando. Mas nada de alguém perguntar algo para eles. A situação era insustentável e o nervosismo de Ali crescia. Mas João Pedro buscava manter a calma.

No início da noite, aparecem aqueles dois homens juntamente com um terceiro já conhecido. Professor Ludwig Von Schutze.

—Voltamos a nos encontrar, professor Álvares!

— Infelizmente, sim. No entanto, não posso dizer o seu nome.

— Eu já lhe disse antes.

— Não acredito no senhor.

— Ora, não leve essa questão para o lado pessoal. Precisávamos da sua colaboração e usamos os métodos mais eficazes para isso.

Enquanto falava, um dos seus companheiros se aproximou e disse algo ao ouvido do professor Von Schutze, porém inaudível para os demais.

— Hum. Muito bem. Chega de "enrolação". O senhor agiu de forma muito temerária ao fugir. Poderia ter colocado em risco a vida de quatro pessoas. E acredite, não nos faria diferença eliminá-los.

— Eu sei, seus facínoras.

— Chega disso! Não precisamos desses termos em, nossa conversa. Por onde andou?

— Andei pelo Egito fazendo pesquisas. Onde mais poderia ir? Preferi sumir para poder refletir melhor. Já não bastavam os sequestros, sua equipe, todos os dias, me importunando, e me seguindo, não ajudaria.

— Muito bem. Se voltou significa que tem algo para nós.

— Quero antes ver minha família e meus amigos.

— Fiz uma pergunta! — gritou o professor Von Schutze.

— Sim, tenho, mas antes quero vê-los. — Respondeu, pausadamente, o professor português.

Ludwig pensou um pouco observou a situação e falou:

— Muito bem, verão suas famílias. E ordenou para que trouxessem os quatro.

Nesse momento, foi uma confusão só, todos gritavam, perguntando-se como estavam. Até que Von Schutze pegou uma pistola e deu um tiro para cima. O silêncio foi imediato.

— Já viram suas famílias e seu amigos. Já sabem que estão todos bem. Agora é a sua vez. O que tem para me oferecer.

Pela situação em que se encontravam, João Pedro sabia que poucas opções teria para uma fuga. Hesitou um pouco e falou:

— Decidi por realizar algumas pesquisas nos sítios arqueológicos egípcios que fossem da mesma época de Akhetaton. Talvez ali pudesse haver algo. — mentiu.

— E o que achou?

— Não precisei pesquisar muito. Numa das minhas andanças, descobri isto: "O tesouro está nos olhos de quem sabe olhar, nos ouvidos de quem sabe ouvir..." Acredito que possa entender o significado.

A primeira parte, sem dúvida, eu já conheço, está em Akhetaton. Mas esse complemento... Está em Tebas, antiga capital egípcia. Muito bem escondido, é verdade. — Mentiu novamente.

De fato, João Pedro não sentia nenhum remorso em mentir para aquele bando.

— Como achou?

— Fiz algumas pesquisas. Não se esqueça de que sou um pesquisador de verdade. Não uma farsa.

— Já falei para encerrar as ofensas! — falou, rispidamente, o outro.

Fez-se um silêncio após essa frase.

— Havia mais alguma coisa?

— Não, apenas isso. — Falou olhando para o papel que mostrava para Ludwig. — Tinha feito uma cópia daquela frase, utilizando-se de hieróglifos. — Esta é a cópia do manuscrito.

—Tem certeza?

— Acha que colocaria em perigo a vida de tanta gente?

Os três homens se afastaram e ficaram conversando durante um tempo. João Pedro, Ali, seus amigos e familiares ficaram sob a guarda de um pequeno grupo de egípcios muito bem armados.

Ao retornarem, um dos que acompanhavam Von Schutze perguntou:

— Sabe o significado disto?

— Infelizmente, não. Não faço a mínima ideia.

— E porque estaria isto em Tebas, se é sabido que Akhenaton se opunha aos sacerdotes? — perguntou o terceiro.

— Sinceramente, eu não sei, mas talvez devesse haver mais alguma coisa onde achei isso, já que a inscrição estava incompleta.

— Estava incompleto, então? — voltou a perguntar o primeiro energicamente.

— Sim, o que achei foi isso, nada mais. — Realmente, mentir estava lhe dando um grande prazer, pois sabia que estava confundindo aquele grupo.

— E por que não levou seu amigo egípcio junto? — perguntou o terceiro.

— Para justamente ele poder explicar meu desaparecimento.

— E colocou a vida dele em risco, acredite. — Completou Von Schutze.

— Sim, eu sei.

— Ora, sua ajuda foi-nos muito útil, apesar de não parecer. Nós sabemos por onde continuar e achar este tesouro.

— Sabem?

— Acha-nos ignorantes? Acha que somente o professor tem suas fontes? Acha que nós não temos como fazer pesquisas?

— Então já sabem aonde ir? E por que tudo isto?

— Sim, sabemos aonde ir. E não se desespere. Nós precisávamos de sua ajuda, sim. Se existe algum jeito de agradecer... Quero mostrar a vocês algo.

E todos seguiram os três estrangeiros. Nenhum dos prisioneiros estava amarrado. Ao sair do caminhão, pôde João Pedro ver que estava, na planície de Gizé, ao lado da Esfinge. Iam à direção dela.

— Provavelmente, o professor sabe o nome dado a essa esfinge. — Disse Von Schutze andando à frente do grupo.

— Sim, eu sei. Chama-se *Sesheps* e há controvérsias sobre a época de a sua construção.

— Exato.

— E ela foi construída em um único bloco, na rocha.

— Sim, está certo. É óbvio que sabia, é historiador. Sabe de mais alguma coisa?

— Há tanto para se dizer sobre ela. Não sei a que se refere.

— Pois bem, serei mais direto, professor. Talvez, saiba da existência de uma galeria de águas, conhecida como Galeria de Osíris ou Osirium, que vai da esfinge até a pirâmide de Quéfren.

— Hum... Já ouvi falar de qualquer pesquisa nesse sentido.

— Pois bem, essa galeria tem alguns sarcófagos que merecem ser analisados.

— Entendo.

— Não, não entende, professor! — disse rindo Ludwig Von Schutze. — Quero dizer que vou proporcionar aos três grandes historiadores aqui presentes e mais aos dois companheiros que estudem esses sarcófagos.- Completou em tom de ironia.

Nesse momento, já tinham chegado à passarela, que conduz da Esfinge até a pirâmide de Quéfren.

— Poucos conhecem este túnel, de forma, que vocês terão bastante tempo para analisá-las. — disse rindo Von Schutze, sendo acompanhado de seus comparsas.

Alguns egípcios abriram a tampa e os seis companheiros foram empurrados para dentro.

— Gostaria de dizer aos dois pesquisadores, Ali e Lee, que escavavam no lugar errado. Não há nada ali onde escavavam. O que pensavam ser uma porta, na verdade, é apenas uma pedra. Nada mais. Pelo menos se tivessem escavado no lugar certo, aqui, teriam nos poupado o tempo. De qualquer forma, terão tempo para refletir.

— Como ficarão aí algum tempo, vou deixar-lhes algumas ferramentas que facilitarão suas pesquisas.- falou rindo um dos companheiros europeus de Von Schutze. — Tomem duas lanternas, um caderno, uma caneta e um canivete. Talvez, estes objetos ajudem nas pesquisas.

Todos os seus companheiros riram da situação.

— Só mais duas perguntas, professor Von Schutze. O senhor me disse que sabe onde continuar procurando o tesouro de Akhenaton. A primeira é: o que é realmente o tesouro? E como sabe onde procurar?

— A primeira é óbvia, tesouro significa algo de muito valor. E tesouro relacionado a Faraó deve ser ainda mais, digamos... faraônico. Sem qualquer trocadilho nessa palavra. Um tesouro de Faraó deve representar muito ouro. E é isso que precisamos.

— E quanto à segunda?

— Em relação à segunda pergunta, não pense que somos ignorantes. Nós já conhecíamos a primeira parte da frase, achada em Akhetaton. Sabíamos também que essa frase está incompleta não por acaso. Há um documento secreto no Vaticano, que afirma haver na base do obelisco da Praça São Pedro, e que foi levado do Egito, oculto abaixo da linha do solo, uma inscrição escrita em latim que diz o seguinte: "O tesouro está nos olhos de quem sabe olhar, nos ouvidos de quem sabe ouvir e no coração de quem sabe sentir." — Ponto final. Ou seja, lá a frase está completa. Ao localizarmos essa frase em Akhenaton, o início dela, sabíamos que poderia ser algo muito importante para nós, para nossa causa.

— Que documento é esse? Que causa é essa?

— Já fez as duas perguntas que queria, mas serei generoso e responderei às suas perguntas; é um documento guardado na lendária biblioteca...

— Como teve acesso?

— Calma, deixe-me responder com calma. Tivemos acesso, digamos por acaso, mas isso serviu, para iniciarmos nossas pesquisas.

— E qual é a causa do seu grupo? Que grupo é esse?

— O nome do nosso grupo nem quem somos nós, não interessa. Mas a nossa causa, podemos dizer, sim. Queremos reestabelecer a ordem no planeta. Temos visto muita desordem, bagunça, baderna. O mundo precisa de um pulso forte, que saiba guiar a humanidade para um futuro promissor. Nós somos esse grupo, que irá determinar a cada um o que lhe cabe, de forma que todos possam ter o que merecem.

— E se acham capazes de julgar o que cada um merece? Acham-se superiores aos outros?

— A superioridade é natural pela nossa condição.

— Monstro!

— Eu já lhe disse. Sem ofensas! Mas vejo que não quer mais conversar.

— E onde está o tesouro? — perguntou ainda João Pedro.

— Estamos a um passo de achá-lo. Porém acho que você não terá o prazer de ver. Não sabemos bem a localização dele, mas agora é questão de tempo.

— E por que precisavam de que eu localizasse onde estaria escrito mais uma parte da inscrição, se não necessitavam?

— Isso foi, para descobrirmos, se havia mesmo algo além de uma simples frase. Agora sabemos que há algo a mais do que isso.

— Chega de perdermos tempo. Temos muito a fazer.-Interrompeu a conversa o mais baixo dos europeus.

— Não! Esperem! — gritou Sofia.

— Chega! Vamos!- bradou esse europeu novamente.

— Só mais uma coisa, professor Álvares. Nosso grupo tem o hábito de dizer que levamos nossos segredos para o túmulo. Acredito que compreenderá nossa opção pelo silêncio. Não é nada pessoal, apenas uma forma de, podemos dizer, evitar que criemos uma situação desconfortável para todos. Até mais e boa sorte nas pesquisas! Espero que num futuro distante suas pesquisas sejam reconhecidas. Não se esqueça de anotá-las no caderno.

Após essa colocação, o acesso ao túnel foi lacrado. A última coisa que viram foram aqueles homens rindo e notaram que o dia já estaria amanhecendo. Estavam cansados e mais ainda assustados por aquela situação.

— Será impossível alguém nos ouvir aqui dentro — disse João Pedro — ao acender uma lanterna, tentando manter a calma após um tempo. — Como estão vocês?

E naquele momento, todos se abraçavam entre lágrimas. João Pedro e Ali Kazan abraçaram e foram abraçados por Sofia, Luís Augusto, Ali Aleck e Shang Lee. Em especial Ali Aleck e Ali Kazan choravam muito.

Procurando manter a calma, João Pedro perguntou para Sofia:

— Sofia, você é a única médica aqui. Existe a possibilidade de sobrevivermos aqui?

— Bom, primeiro temos de saber se existe a troca de ar, pois se acabar o oxigênio, em pouco tempo morreremos asfixiados. Depois existe a possibilidade de sermos contaminados por algum vírus, caso este túnel seja utilizado por algum animal. Mesmo a água que escorre das paredes é melhor evitar. — respondeu Sofia um pouco insegura. — Será que temos condições de sair daqui?

— É o que veremos. Antes de qualquer coisa, vamos descansar. Faz horas que não dormimos e precisamos descansar antes de iniciarmos alguma coisa. — Disse João Pedro. — Talvez tenhamos que seguir por aquele caminho. — E apontou para dentro do túnel.

Não houve discórdia. Apesar da situação tensa, todos se deitaram sobre a pedra e procuraram dormir um pouco. Foi difícil em razão da situação, mas dormiram um pouco.

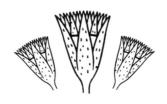

CAPÍTULO XV

A cordaram todos. João Pedro e Ali Kazan foram os primeiros e começaram a conversar:

— Que horas serão agora? — perguntou o português.
— Não sei. Mas sei que estou bastante cansado.
— Não é para menos, dormimos mal e muito pouco. Então, Ali, conhece alguma coisa desta galeria?
— Não. Este túnel é mantido sob segredo pelo governo.
— Certo. Pelo que disse Von Schutze, esta galeria vai até a pirâmide de Quéfren. Então iremos segui-la até o fim para que possamos sair.

— Mas se aqueles homens queriam se livrar de nós, é porque acreditam que aqui não há saída. — Disse Sofia.

— Mas se esta galeria é fechada pelo governo egípcio. É provável que pouco se saiba sobre ela. Não acredito que aqueles homens entendam o que estão fazendo! — falou João Pedro.

— Por que diz isso? — perguntou Sofia.

— Percebi isso pelo que ele disse.

— Não entendi! — disse Luís Augusto.

— É muito simples. Eu menti para eles sobre as minhas descobertas. Primeiramente, Não foi em Tebas que descobri aquela frase.

— Onde foi, professor? — perguntou Shang Lee.

— Não fazem ideia? Foi em Israel, sob a Cúpula da Rocha!

— Cúpula da Rocha? — indagou Ali Aleck. — Jamais imaginei... Jamais poderia descobrir...

— Perto do Muro das Lamentações! — continuou Shang Lee. — Mas como?

— Fui a Israel, seguindo um bilhete que recebi anonimamente, ele dizia que nesse país se encontraria alguma resposta. Em Israel, conversei com um velho conhecido, professor Abdão Harahel, da Universidade Hebraica de Jerusalém. Pensei ser, no Muro das Lamentações, mais precisamente na parte inferior, que está enterrada.

— Bilhete anônimo? — perguntou Shang Lee.

— Sim... Tudo o que aconteceu até agora, é muito estranho. Não percamos tempo em explicações agora. — Respondeu o professor português.

— E conseguiu? — perguntou sua esposa.

— Tive de contar uma mentira para o professor Harahel. No entanto, fiz isso para protegê-lo. O professor Harahel é um velho conhecido, sempre foi muito solícito e não diferente dessa vez. Não queria mentir para ele, mas foi necessário.

— E como foi sua viagem a Israel, professor? — perguntou Ali Aleck.

— Bom, em Jerusalém, após procurarmos perto do Muro das Lamentações, quando retornava sozinho ao hotel à noite, fui abordado por uma pessoa misteriosa que preferiu não me dizer seu nome...

— E confiou nele? — interrompeu a esposa.

— Sinceramente, eu não queria confiar nele, mas como tudo tem sido estranho nesse caso, ele me contou detalhes sobre o desaparecimento de vocês todos e do que eu procurava. Afora eu e Ali Kazan, ninguém sabia o que eu fazia realmente em Israel. A forma como esse estranho falou e dizendo que poderia me ajudar era a única coisa a qual poderia me agarrar. Tive de esperar mais duas ou três noites, para que pudesse, finalmente, ver o que ele tinha para me mostrar...

— E conseguiu o que queria? O que era? — perguntou Luís Augusto.

— Calma, deixem-me terminar. Sim, achei e o que vi foi extraordinário!

Fez-se um silêncio no qual todos pareciam não respirar, aguardando, o que o professor João Pedro teria a dizer.

— Em Akhetaton vimos aqueles hieroglifos que nos mandavam...

— *Tesouro* e *Akhenaton*. — interrompeu Shang Lee.

— Exato, *tesouro* e *Akhenaton*. Além disso, havia uma frase próxima, porém incompleta...

—"O tesouro está nos olhos de quem sabe olhar..." — retrucou Ali Aleck.

— Exatamente essa frase. No entanto, como disse, estava incompleta e não possuía nenhum significado. Precisava descobrir mais. Voltamos ao Cairo e numa certa tarde, quando andava sozinho, um menino que não pude identificar, entregou-me um papel e sumiu no meio da multidão. Esse papel dizia que o que eu procurava estaria em Israel e não no Cairo. Fui a Israel pelo deserto, para que não fosse seguido pelos comparsas desse tal Ludwig Von Schutze. Na fronteira, o exército de Israel entrou em contato com seu governo e fui, em pouco tempo, enviado a Jerusalém, onde o professor

Abdão Harahel me esperava. E lá, não com a ajuda dele, mas a de um estranho, talvez até quem seja o responsável por aquele bilhete anônimo, recebido no Cairo, tive acesso a duas informações: a primeira foram símbolos aramaicos que significam *tesouro* e o nome de Javé; a segunda foi um complemento àquela frase encontrada em Akhenaton: "O tesouro está nos olhos de quem sabe olhar, nos ouvidos de quem sabe ouvir..." Mas ainda, sim, sem sentido e incompleta.

— Estava escrito Jeová? Então deve ser algo muito valioso! — perguntou Sofia.

— Exato! Certamente, é algo muito precioso, com valor incalculável, pois os hebreus evitam adotar símbolos para identificar Deus. Se há esses símbolos é porque esse tesouro deve ter um valor altíssimo. — Respondeu João Pedro.

— E talvez transcenda mesmo a questão meramente material.- acrescentou Shang Lee. — Se não, não haveria esse detalhe.

— E aquele estranho não falou mais nada? — perguntou Sofia.

— Ele me disse várias coisas sobre o tesouro. Ele me contou que realmente existe esse tesouro e que ele é valiosíssimo, no entanto, e isso é difícil de entender, extrapola o valor material. Há mais do que ouro, prata e pedras preciosas. Ele me falou que, se entender este enigma das frases, entenderei o tesouro e o encontrarei, naturalmente.

— E quem são esses que também procuram o tesouro? — perguntou Luís Augusto.

— Lembra-se de quando achamos nas anotações de Ali e Lee as letras IVR?

— Sim, sem dúvida! — respondeu o filho do professor.

— Pois bem, IVR, na verdade, lê-se da seguinte forma: IV é quatro em algarismos romanos e o R é a abreviação de Reich. Ou seja, IVR significa: Quarto Reich."

— Quarto Reich? Tem certeza? Um grupo de neonazistas? -interpelou Shang Lee.

Sim, mas não é um simples bando de alienados apenas, mas um grupo muito bem estruturado, que está atrás de uma soma tal de dinheiro, capaz de financiar uma guerra que os colocaria no poder novamente na Europa.

— Mas como agirão? — perguntou Luís Augusto.

— A ideia, segundo aquele homem misterioso, é que montarão um exército que irá iniciar uma guerra. Além disso, criarão graves distúrbios econômicos. Em outras palavras, o caos total. A população, perdida, se apegaria a qualquer valor ou qualquer um que conseguisse mostrar uma saída, ainda que absurda.

— Acha mesmo isso? — perguntou Shang Lee.

— Sinceramente, Lee, no momento de desespero, em geral, as pessoas perdem um pouco a capacidade de raciocínio. Diante de graves problemas financeiros e uma guerra, haveria espaço para que ideias radicais se instalassem novamente. E o pior é que esse grupo visa tomar o poder de várias nações ao mesmo tempo. Não estão ligados a um único país, mas sim desejam tomar o poder em várias nações.

— É incrível, como ainda existam pessoas que pensem assim! -desabafou Luís Augusto.

— Infelizmente, isso é uma verdade, meu jovem. Aqui nós também percebemos isso. — Disse Ali Kazan.

— Existem pessoas que se sentem superiores às outras e que acabam criando a segregação em razão de algo totalmente superficial e sem sentido. — Completou Ali Aleck. — A cor da pele, crenças religiosas, ideologias políticas, pseudofilosofias, sexo, nada disso serve de argumento sério para a discriminação. No entanto, essas pessoas continuam a justificar a própria fraqueza em aceitar a diversidade através desses argumentos.

— Pois agora sabemos com quem estamos lidando. -Disse Sofia.

— Exatamente. Eles são perigosos e requer muito cuidado nosso.- Completou João Pedro.

— Precisamos pensar em como sair daqui. — Interrompeu Ali Kazan. — Se ficarmos muito tempo, consumiremos nossas lanternas e não teremos como achar o caminho.

— Tem razão! Usaremos apenas uma delas e guardaremos a outra. Só temos um caminho a seguir em frente. — Completou o professor. — Em frente!

— Pouco se sabe sobre este túnel. Mas se seguirmos reto, possivelmente, acharemos alguma passagem subterrânea dentro da pirâmide de Quéfren. A saída é questão de tempo. — Disse Ali Aleck.

— E paciência. — Acrescentou Shang Lee.

Seguiram, pois, pelo túnel. Andando por ele, inicialmente, chegaram a uma câmara. Após, entraram num segundo túnel, que terminava numa outra câmara.

— Posso estar enganado, mas esta câmara deve estar orientada no eixo norte-sul. — disse Ali Aleck.

Concordaram com ele Shang Lee e o professor João Pedro. Os templos egípcios eram marcados por precisas localizações geográficas, muito embora, na época de suas construções, não havia a bússola. Esse detalhe era um dos inúmeros segredos da cultura egípcia antiga a serem desvendados.

Nessa câmara observaram a existência de sete subcâmaras escavadas na rocha, três de cada lado, estando a última na parte norte. Em duas dessas câmaras havia um sarcófago, feitos de granitos e com as tampas ao lado. Porém, não localizaram nenhuma múmia.

— Procurem, com cuidado, uma saída. — Disse João Pedro.- Para facilitar, vamos usar as duas lanternas.

— Só espero que haja uma saída para facilitar. — Disse Luís Augusto.

João Pedro foi para o lado oeste e Ali Kazan foi para o lado leste.

— Aqui! — disse Ali, — Encontrei uma saída por aqui.

Com efeito, na lateral leste havia um túnel que levou a uma terceira câmara onde encontraram vestígios de quatro pilares circundados por uma parede e com um outro sarcófago de granito com a tampa posta no chão.

— Há um símbolo aqui! — disse Luís Augusto apontando para baixo da tampa do sarcófago.

— O que significa?- acrescentou Sofia.

— Sim, realmente. Esse símbolo significa casa. Observe o formato do conjunto das paredes, das colunas e do sarcófago. É o mesmo que este símbolo. — mostrou João Pedro.

— Realmente, diz a tradição que o platô de Gizé é conhecido como "a casa de Osiris, senhor de Rastaw". — Acrescentou Ali Aleck.

— E o que significa Rastaw? — perguntou Luís Augusto.

— Rastaw se refere aos túneis subterrâneos e tumbas de Reis. É onde estamos. — Respondeu Shang Lee.

—Vamos, não percamos tempo, precisamos sair daqui o mais rápido possível.- Falou Ali Kazan.

Sua preocupação se justificava. Sua família estava na casa de parentes longe do Cairo. Não tinham notícias dele nem de seu filho Ali Aleck e ele queria achar um jeito de poder entrar em contato com sua esposa.

Havia uma pequena saída pela lateral daquela câmara. Entraram por ela rastejando e seguiram um trecho considerável daquela forma. Até que num certo ponto, aquela passagem se alargou. Andaram ainda por um trecho igualmente comprido até que começaram a subir. Caminhavam em silêncio, em razão da tensão que havia no ar.

— Será que conseguiremos sair? — pensavam todos, mas ninguém ousava se manifestar. O medo imperava em cada um, mas tinham de seguir em frente, para não fraquejar e não deixar os demais mais tensos. Seguiam em frente e o túnel voltou a diminuir, tendo todos que se rastejarem novamente. Após, o túnel tinha uma angulação para cima e tiveram de escalar. Até que chegaram a uma câmara por uma fenda no chão.

— Será que já chegamos à pirâmide de Quéfren? — perguntou Shang Lee.

— Realmente, não sei. — Respondeu João Pedro. —Vamos procurar uma saída.

Rapidamente, analisaram o que havia naquela câmara. A temperatura era muito quente e o ar muito seco. Na câmara encontraram outro sarcófago destampado cuja tampa estava, completamente, destruída espalhada pelo chão.

— Aqui, olhem! Talvez seja uma saída! — apontou Sofia.

Haviam encontrado uma possível saída. Imediatamente, começaram a se rastejar por mais aquele túnel. E nesse momento sentiram que tudo caminhava bem para eles. Num certo momento acharam uma escada para facilitar.

— Definitivamente, esta escada não deve ter sido colocada pelos egípcios antigos. — Disse Luís Augusto começando a subir após sua mãe.

— Sim, essa escada foi colocada aqui por expedições recentes. — comentou Shang Lee.

— Significa que estamos no caminho certo. Em breve, sairemos. — Completou João Pedro.

Agora faltava pouco. Já conseguiam ver a luz do dia e seguiam cada vez mais confiantes.

João Pedro ia à frente, até que atingiu a saída. Era a entrada principal da pirâmide de Quéfren, rente ao solo de areia do deserto. Ao sair aquele grupo heterogêneo da pirâmide, os turistas se assustaram. Todos estavam bastante sujos e João Pedro, sem jeito, comentou com Ali Kazan:

— Diga que você é um novo guia e que levou alguns pesquisadores para dentro da caverna para passarem a noite.

Ali Kazan, tentando disfarçar o constrangimento do grupo, comentou em árabe que ele e seu filho acompanharam alguns pesquisadores, que queriam passar a noite na pirâmide de Quéfren para alguma pesquisa qualquer, que não saberia especificar.

— O que falou? — perguntou, sussurrando, João Pedro.

— Falei ao responsável o que o senhor ordenou que são exploradores... E que são loucos também...

João Pedro olhou para o amigo surpreso, mas igualmente entendendo que ali estava uma forma de não chamar mais a atenção. Pelo menos, não mais do que já tinham naturalmente chamado.

Atônitos, árabes e turistas estrangeiros viram aquele grupo se afastar.

— Não poderia passar mais vergonha. — Disse Sofia.

— Pelo menos estamos vivos. — Respondeu João Pedro.

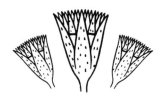

CAPÍTULO XVI

Após chegarem, Ali pediu a um primo seu informações sobre aquele misterioso grupo que passara por lá. Pouco sabiam sobre eles, mas o fato é que desde o dia anterior não eram mais vistos pela cidade.

Achando-se em segurança, Ali Kazan pediu para esse seu primo que trouxesse sua família de volta. Havia um grande motivo para se reunirem; Ali Aleck estava de volta.

Todos tomaram banho, comeram alguma coisa e foram descansar. Precisavam, urgentemente, repor as energias gastas naqueles dois últimos dias.

Após um merecido descanso e com o retorno da família de Ali Kazan, o clima se transformou naquela casa. Totalmente diferente dos dias precedentes em razão do sequestro de Ali Aleck e de seu amigo Shang Lee, bem como dos inúmeros percalços, que colocaram em perigo a vida de todos. As ameaças, que sofreram, levaram a se separarem.

Mas agora tudo estava mudado. Houve grande confraternização entre os irmãos. A mãe mal se continha de felicidade. Até mesmo o primo de Ali Kazan ficou para as comemorações que se seguiriam. A esposa de Ali Kazan preparou um grande banquete, auxiliada por suas duas filhas. Havia todo tipo de iguaria árabe, para comemorar o retorno do filho, de seu amigo e da família de João Pedro.

— Hoje vamos descansar bastante. Mas temos muito trabalho pela frente. -Disse João Pedro para Ali Kazan.

— Pretende ir atrás daqueles bandidos, senhor?

— Sim, e você, virá comigo?

— E deixar aquelas pessoas escaparem, depois de tudo o que fizeram com a gente, com meu filho, com o senhor Lee? Não, nunca! Eles mexeram com trabalhadores que faziam suas pesquisas honestamente. Não deixarei que fiquem impunes!

— Está certo. Mas antes vou mandar minha família para Portugal. Talvez Shang Lee também queira ir para casa."

— O que faremos?

— Bom, o que temos é que aquele Ludwig Von Schtutze esteve em Roma. Foi lá que ele descobriu a inscrição inteira. Teremos de ir lá para continuar nossa investigação.

— Sim, está certo. Mas e depois?

— Bom... Depois... Ah, realmente não sei. Precisamos antes ir a Roma. Quem sabe podemos ver o que acharam? Ou alguma pista... Não sei, veremos depois que chegarmos lá. Agora vamos descansar.

— Só mais uma pergunta, professor. O que pensa sobre o tesouro?

— Realmente, não sei o que pensar. Há muito mistério e aquela frase não faz nenhum sentido a princípio. Como os fragmentos dela foram achados com outros símbolos, tanto em Akhenaton, como em Jerusalém, acredito que em Roma será a mesma coisa. Talvez tenha alguns símbolos que possam indicar um caminho a seguir. Somente lá veremos.

— Entendo.

— Outra coisa. Aqueles bandidos pensam que morremos dentro daquele túnel. Isso nos dará certa vantagem. Não podemos esquecer que são frios e perigosos. Mas não contam com a nossa interferência. Talvez, se conseguirmos encontrá-los, poderemos interceptar os planos deles, avisando alguma autoridade. Precisaremos tomar o máximo de cuidado e teremos de contar com a sorte para que cometam algum deslize.

Ali Kazan acenou com a cabeça e foi conversar com seu primo, buscava mais informações sobre aquele grupo estrangeiro. Talvez seu primo soubesse de algo sobre pesquisas, andanças, enfim qualquer coisa que pudesse identificá-los.

Enquanto isso, João Pedro conversava com Shang Lee, que contava sobre suas descobertas.

— Então, Lee, o que o trouxe aqui? Como tudo isso foi acontecer?

— Professor Álvares, o senhor sabe que sempre gostei de pesquisas de campo. Há tempos fazia pesquisas aqui no Egito. Numa das minhas passagens pela biblioteca do Museu do Cairo, tive acesso a um pequeno bilhete que continha aquelas letras *IVR*, bem como mencionava alguma coisa sobre Akhenaton. Dizia que era algo extraordinário. Não sabia o que era, mas, conversando com Ali Aleck, que também gosta de pesquisas de campo e é um verdadeiro entusiasta da cultura antiga do Egito, decidimos começar a pesquisar.

— Na biblioteca do Museu do Cairo? Sabe quem deixou esse bilhete? Como o achou?

— Nenhum sinal, nada que pudesse identificar quem o deixou e, pelo que entendi, deve ter sido uma grande perda. Aliás, seria impossível identificar quem o perdeu, dado o tamanho da biblioteca. No entanto, achei esse bilhete quando consultava um catálogo sobre ruínas egípcias. É fácil notar que esse bilhete estava próximo às ruínas e El Amarna.

— Sim, continue.

— Pois bem, naquele pedaço de papel, estava escrito aquelas letras em cima e abaixo somente citava haver algo extraordinário em Akhetaton, que fora a capital do Egito no reinado de Akhenaton.

— Sim, Shang Lee, eu conheço a história. Mas diga-me o que exatamente estava escrito e por que decidiram seguir essa linha de pesquisa.

— Além das iniciais, não me lembro bem o que era, mas dizia *tesouro, secreto* e *Akhetaton*. Alguma coisa em torno disso. Talvez Ali Aleck saiba.

Chamaram Ali Aleck que confirmou o que tinha visto naquele bilhete.

— Realmente, foi isso o que encontramos. Além daquelas letras, havia menção a um *tesouro, secreto* em *Akhetaton*.

— Como gosto de pesquisa de campo, convidei Ali Aleck para irmos até Akhetaton.

— E descobriram aquela frase?

— Sim, descobrimos a frase. — respondeu Ali Aleck — que vez por outra, se aproximava e acrescentava algo.

— Mas por que escavavam nas proximidades da pirâmide de Queóps? Até agora não entendi a relação.

— Pois bem, vamos contar toda a história, para o senhor entender. Ao voltarmos de Akhetaton, começamos a pesquisar o que poderia haver naquelas ruínas, o que poderia ser esse tesouro, e a mais importante das perguntas, o que seria um tesouro na visão de Akhenaton. Estudamos bastante, buscamos dados históricos, qualquer correlação que pudesse indicar algo.

— E acharam alguma coisa?- insistiu o professor.

— Confesso que tudo era muito confuso e tínhamos dificuldade de encontrar algum ponto a seguir com informações tão escassas. — disse Shang Lee.

— No entanto, surgiu-me algo. — acrescentou Ali Aleck. — O reinado de Akhenaton é marcado por radical mudança no plano religioso e cultural. Pois bem, e se esse tesouro estivesse, de algum modo, ligado a isso? Dentro das várias linhas de raciocínio, que poderíamos seguir, uma delas seria que esse tesouro não representaria apenas uma questão material, mas mais do que isso.

— Em outras palavras, esse tesouro poderia ser mais que material, talvez algo metafísico. — supôs João Pedro.

— Não... Não só metafísico, mas algo que transcendesse tanto o metafísico quanto o material. Ou talvez algo que juntasse os dois. Preste atenção, professor, na época de Akhenaton houve muita tensão entre seus seguidores com os sacerdotes de Tebas. Embora não haja registros de guerras em seu sentido formal, é possível que tenha ocorrido perseguições ou até intolerância. — disse Ali Aleck.

— Sim, tudo isso são suposições, mas faz sentido, sem dúvida. -, Arguiu o professor.

— Professor, esse fato pode ser reforçado, em razão do que aconteceu durante o reinado de Akhenaton. Houve muita turbulência. Deve-se lembrar de que, primeiramente, o nome de Akhenaton era Amen-Hotep. Ora, Amen-Hotep significa: "Amon está satisfeito", e o Faraó troca não só o próprio nome, como também o deus que irá servir de guia no seu reinado. — Falou Shang Lee.

— Sim, eu sei, Akhenaton significa:"aquele que é útil a Aton" ou"o espírito eficaz de Aton". — Disse o professor. — É uma mudança radical, sem dúvida.

— Imagina o quão radical foi essa mudança. A tradição milenar politeísta foi subitamente substituída pelo monoteísmo. É muita mudança para uma sociedade tradicionalista. — disse Ali Aleck.

— Percebe-se, professor, que o Faraó deve ter desgostado muito aos sacerdotes. E esse desgosto é, flagrantemente, notado após a morte de Akhenaton, já que sua sucessão, em poucas palavras, caberia a Tutankhaton, que significa: "a imagem viva de Aton", mas que por pressão dos sacerdotes de Tebas, mudou seu nome para Tutankhamon, "a imagem viva de Amon". — Falou Shang Lee.

— E mesmo ele, há correntes que defendem essa tese, foi assassinado, em razão de haver uma contusão no crânio — acrescentou Ali Aleck.

— Sim, entendo até agora a linha de raciocínio da possível existência de fortes tensões entre o Faraó e os sacerdotes. Mas nada disso me explicou, até agora, o motivo de uma escavação na planície de Gizé. — Falou João Pedro. — O que as pirâmides têm a ver com isso?

— É verdade! Até agora não dissemos nada. Mas calma, chegaremos lá! No campo das suposições, chegamos à seguinte conclusão: as pirâmides de Gizé são um marco para a história do Egito, aliás, inclua-se nesse conjunto a esfinge. Tendo essa afirmação como verdade, é possível que as próprias pirâmides transcendam ao destino que usualmente se atribui a elas. — Disse Shang Lee.

— Transcender? -, olhou desconfiado João Pedro.

— Sim, transcender. Se foram construídas para serem túmulos de Faraós... Não foi encontrado nenhum lá dentro. E mesmo se observarmos a cultura egípcia, notamos que aproveitavam todas as paredes para deixar uma mensagem. Mas nas pirâmides não há nada, nenhum símbolo, nenhum sinal, nenhuma escrita. Nada! — disse Ali Aleck.

— A estética das pirâmides era muito diferente naquela época. Eram completamente revestidas de alabastro, o que dava uma coloração mais clara que a atual e um brilho sem igual. — disse Shang Lee.

— Observe, professor, que as pirâmides de Gizé e a esfinge não são só monumentos, mas possuem também uma forte conotação na religiosidade daquele povo. — falou o pesquisador egípcio.

— Continuem.

— Pois bem, e se havia algo que Akhenaton gostaria de preservar... — falou Shang Lee.

— ...Um tesouro! — completou Ali Aleck.

— Não seria em Akhetaton que ele deixaria guardado. Ali há apenas um enigma, mas o tesouro dele não estaria ali. Possivelmente, em razão de sua religiosidade, buscaria um lugar mais imponente e ao mesmo tempo mais secreto, para guardar algum tesouro. — Disse Shang Lee.

— Por isso é que escavamos na direção da entrada da pirâmide de Quéops, que se localiza no 17º degrau. — Continuou Ali Aleck.

— Esperem aí. Acreditam que haveria mesmo um tesouro de Akhenaton e que foi escondido durante todo esse tempo? Sem que ninguém o encontrasse? — perguntou o professor.

— Sim. É possível e o Faraó não guardaria em Akhenaton, mesmo porque, lá seria o primeiro lugar onde procurariam. Logo, vê-se que lá não está, apenas o enigma. — Respondeu Shang Lee.

— E acharam algo?

— Sim, havia uma pedra que parecia ser uma porta. Mas agora sabemos que não é nada disso. — Respondeu Ali.

— E como têm certeza disso?

— Por tudo o que descobrimos, em especial em Jerusalém e pelo que falou aquele homem quando nos prendeu no túnel ontem. — Respondeu Ali.

— Roma. — Completou Shang Lee.

— Mais uma coisa, professor, durante todos os dias estivemos p resos a reflexões... — falou Lee.

— .A única coisa que nos restava... — acrescentou Ali Aleck.

— E pensamos diversas vezes sobre essas conclusões que expomos. Há mais do que um tesouro material. É possível que Akhenaton tenha deixado um legado valiosíssimo, não só no aspecto material, mas um legado de conhecimento metafísico ou mais que isso. — Completou Shang.

Professor Álvares ficou pensativo e deixou-os um pouco para analisar o que tinha escutado. "Será possível tudo isso? Estarão certos? Será que aquele homem misterioso de Jerusalém estará certo? Há tanto que ainda não sei..."

A tarde toda e também a noite todos conversavam alegremente. Era já tarde quando decidiram dormir.

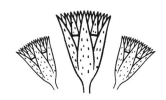

CAPÍTULO XVII

Na manhã seguinte e cedo, João Pedro e Ali Kazan foram ao terraço da casa, enquanto comiam alguma coisa. Fazia sol forte e Ali falou o que seu primo havia dito sobre aqueles misteriosos pesquisadores estrangeiros:

— Professor, meu primo falou o que sabe sobre aqueles estrangeiros.

— Sim? O que disse?

— Não deve ser muita coisa, mas pode ajudar. Eles eram muito violentos, porém muito sérios também. Todos os trabalhadores egípcios contratados foram muito bem pagos. Mas eles ameaçavam os operários e diziam que se não fizessem o que lhes era ordenado, a vida da família dos deles estaria em perigo."

— Ameaçavam os trabalhadores, Ali?

— Sim, professor. Ameaçavam a família desses empregados e também a eles.

— E o que mais ele disse?

— Disse que pediam várias coisas, como escavações, pesquisas e outros interesses. Mas nunca diziam o que realmente procuravam. Pareciam perdidos. Mas a cada resultado obtido pelo, pareciam satisfeitos, mesmo que não houvesse sentido entre as descobertas.

— E fizeram escavações?

— Sim, poucas, que pareciam sem sentido também.

— E entre eles?

— Entre eles conversavam baixo e ninguém entendia o que diziam.

— Havia mais pessoas?

— Não, apenas aqueles três mesmo.

— Hum... Estranho, muito estranho...

— Mais uma coisa, no hotel e em restaurantes pagavam tudo em dinheiro e não conversavam com ninguém. Só entre eles. Com os trabalhadores, limitavam-se a dar ordens e cobrar resultados. Não mantinham nenhum tipo de diálogo fora do trabalho. Mesmo a comida eles evitavam as nossas. E não se interessavam pelo comércio daqui também.

— E o que os trabalhadores pensavam deles?

— É estranho, mas ao mesmo tempo em que tinham muito medo, também admiravam aqueles homens. O pagamento foi sempre pontual e muito bom. Ninguém pagava tão bem. E todos eles gostaram do dinheiro.

— É verdade, é uma forma de mantê-los todos em silêncio, mesmo quando forem interrogados pela polícia.

— Sim, é assim mesmo, professor.

Terminaram de comer, contemplaram um pouco a vista do Cairo. Uma cidade enorme, que mistura modernidade com história, encravada no meio do deserto, mas ao mesmo tempo cortada pelo rio Nilo, um dos maiores rios do mundo em extensão, que lhe dá vida e com o qual tem entrelaçada a sua existência.

Sem dúvida, algo que chamava a atenção era o trânsito caótico. Peculiar, sem dúvida. Carros que iam e vinham, pessoas atarefadas que passavam pelas ruas. A vida seguia absorta dos pensamentos que atingiam aqueles dois amigos.

Ao descerem, encontraram com todos na cozinha. Ainda estavam felizes com o reencontro, porém mais comedidos. E estavam todos mais descansados também. Agora a vida retornaria ao seu ritmo normal naquela casa.

— Sofia, Luís Augusto! — chamou João Pedro. — Preciso falar uma coisa.

— Sim, pode dizer. — respondeu Sofia que ajudava a mulher de Ali Kazan na cozinha.

— Decidi que irei a Roma em busca de mais informações sobre esse tesouro. Há algo mais que temos de descobrir. E sinto-me no dever de impedir que aqueles homens tomem posse dele.

Fez-se silêncio na casa.

— Acredita que é capaz de impedi-los? — perguntou a esposa.

— Não sei, mas sei que posso fazer algo, pois não acreditam que eu esteja vivo e será uma surpresa agir às ocultas para impedi-los.

— E o que pretende fazer? — insistiu a esposa, tentando manter a calma.

— Ainda não sei. Eu e Ali Kazan precisamos antes ir a Roma. Lá, ele conhece alguns professores. Talvez possam me ajudar.

Nesse momento, a esposa de Ali Kazan mostrou-se contrariada. Não esperava ver seu marido envolvido numa confusão daquele tamanho, ainda mais com pessoas tão perigosas.

— E acha que poderá fazer algo? Com alguns professores? Pense bem, são bandidos, pessoas perigosas, que não medem nenhum esforço para atingirem seus objetivos. — Argumentou Sofia.

— Sim, eu sei. Mas imagine que eles podem conseguir algo que irá tornar a nossa vida ainda pior. Talvez eu possa avisar as autoridades.

Sofia olhou pensativa para João Pedro.

— Ninguém nunca disse a você o que deveria ou não fazer. Podemos argumentar qualquer coisa, mas no final das contas, fará o que achar melhor. O que posso dizer? O que posso esperar? Apenas aguardar que nada de ruim lhe aconteça. — Falou resignada.

João Pedro sentiu que o clima não estava dos melhores para ele próprio. Luís Augusto estava claramente contrariado. Mesmo Shang Le, e a família de Ali Kazan ficaram em silêncio tornando o clima ainda mais tenso.

— Eu sugiro que vocês voltem para Lisboa... — Disse, por fim, João Pedro.

— Como? — falou rispidamente o filho.

— E Shang Lee pode acompanhá-los na viagem, caso ele queira. Talvez deseje descansar um pouco. — Completou João Pedro.

— Nada disso! O senhor não irá sozinho para Roma... — Falou Luís Augusto.

— Irei com Ali Kazan. Não irei sozinho — argumentou João Pedro.

— Não! Irei junto! Já passamos por situações difíceis aqui. Irei junto até resolver esse caso. — Respondeu o filho.

— E eu também irei. — Acrescentou resoluta Sofia.

João Pedro ficou sem reação.

— Penso na segurança de vocês. Apenas isso.

— E nós na sua. — Respondeu a esposa.

Não era o momento para discussões, sabia. Olhou para família com um misto de preocupação e de alívio ao mesmo tempo. Sabia que poderia ser perigosa aquela viagem, mas ao mesmo tempo entendia que ali estavam duas pessoas em quem poderia confiar e contar com o apoio. Depois olhos para Ali Kazan que deu de ombros. Realmente não deveria discutir mais. Por outro lado, para Ali Kazan aquela decisão da família do professor português foi um alívio, pois sua esposa, ainda que contrariada, pareceu um pouco mais calma.

Depois de tudo isso, Shang Lee, após olhar para Ali Aleck, falou:

— Eu também irei. Fui vítima daqueles bandidos. Fui sequestrado e mantido encarcerado por eles. Não vou permitir que tomem posse daquele tesouro.

— Eu também vou. E pelos mesmos motivos — falou Ali Aleck.

— Não vai. Você fica aqui para ajudar à sua mãe a cuidar da casa e de seus irmãos. — Dessa vez, foi Ali Kazan quem falou.

— De jeito nenhum. O senhor pode ir para onde quiser, e deixar a família aqui, e eu tenho de ficar? Quem foi vítima do sequestro, eu ou o senhor?

Ali Kazan ia responder, mas olhou para a esposa que falou:

— Ele irá sim, talvez assim possa tomar conta de você.

Agora foi a ocasião de Ali Kazan, olhar para João Pedro, e nesse momento, era sua vez de dar de ombros. Talvez a resolução dos dois não tenha sido muito aceita pelas famílias. E teriam de aceitar serem acompanhados.

— Muito bem, está decidido. Amanhã, sem falta, iremos para Roma. Irei agora mesmo ao aeroporto comprar as passagens. — E saiu João Pedro, convidando Ali Kazan para ir com ele.

— Acho melhor não discutirmos mais isso. — Falou João Pedro a Ali quando estavam na rua.

— Também acho. — Foi a resposta.

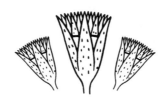

CAPÍTULO XVIII

Chegaram a Roma. Poucas horas após a partida do Cairo, estavam na cidade eterna. Roma é uma cidade atraente, interessante. Foi o centro do mundo durante séculos e tinha irradiado seu poder e sua cultura para os mais diversos pontos do planeta.

O Império Romano legara diversas coisas à humanidade. A começar pelo sistema jurídico, ou pelas línguas que descendem do latim, ou mesmo pela massificação do cristianismo, Roma deixou inúmeras contribuições para o desenvolvimento da civilização.

E Roma fora a capital desse império. Fora o centro do mundo, pólo irradiador de uma cultura marcante e que, ao mesmo tempo, transformaria as bases sociais durante séculos.

Em relação à arquitetura, Roma torna-se ainda mais marcante. Os diversos momentos históricos da civilização deixaram ali sua marca. Ruínas as mais diversas possíveis, sobretudo relativas à Idade Antiga, afloram-se em toda a cidade, contando uma história que é eterna, como a cidade, retratando a genialidade humana. Há fartura de monumentos como o Coliseu, templos religiosos do período politeísta, fontes, aquedutos, muralhas, e outros mais recentes e grandiosos, como igrejas que marcam a supremacia católica sobre a cidade, e que retratam a religiosidade do povo.

Roma é ainda a capital da República italiana e igualmente é dentro dessa cidade que se encontra o menor Estado do Mundo, a Cidade do Vaticano, sede da igreja católica, e de onde se irradia a doutrina que rege a vida de mais de um bilhão de pessoas.

Roma é assim, especial, marco para a história antiga e moderna.

— Pois bem, estamos em Roma... Não sei por onde começar. — Disse João Pedro.

— Melhor procurarmos um hotel. — Falou a esposa. — Acho que podemos almoçar enquanto pensamos em algo.

Com efeito, procuraram um hotel que não fosse muito caro e também facilitasse a deslocação de todos. Não foi difícil encontrar.

— Bom, poderei falar com um velho conhecido, professor Luca di Biasi, — falou João Pedro enquanto almoçavam.

— E o que pedirá a ele? Irá contar a mesma história que contou em Israel? — perguntou Shang Lee.

— Não. Não acho que seja necessário.

— O que pensa, então? — perguntou a esposa.

— Temos de ir ao Vaticano. É lá que aquele Ludwig Von Schutze alegou ter achado a frase completa na base oculta do obelisco. É lá que iremos iniciar nossas investigações.

— Mas não poderemos ver essa base do obelisco. Como em Jerusalém, há muita segurança e não se pode ir escavando sem nenhuma autorização. — Argumentou Shang Lee.

— Sim, é verdade. Mas lembre-se de que ele falou ter conseguido acesso àquela frase através de um documento secreto no Vaticano.

— Sim, professor, não poderia me esquecer disso — respondeu Shang Lee.

— Pois é esse documento que tenciono localizar.

— Simples assim! — comentou o filho.

Todos notaram a complexidade da situação. Pensavam em como agir.

— O professor di Biasi é um profundo conhecedor da influência religiosa sobre a população. Essa é sua linha de pesquisa. Assim, ele teve acesso diversas vezes à biblioteca do Vaticano.

— Biblioteca do Vaticano? Aquela...- Disse Ali Kazan.

— Sim, aquela famosa biblioteca que teria inúmeros documentos e livros secretos.- Completou João Pedro.

— Então é possível ter acesso a ela? — insistiu o amigo egípcio.

— Sim, como qualquer biblioteca, é possível consultar as obras que estão sob sua guarda. Há outras, entretanto, que, pela sua raridade ou importância histórica, são mantidas em lugares protegidos, com acesso restrito para sua preservação. Não é isso que ocorre com os manuscritos do Mar Morto em Israel? — respondeu o professor português. — A preservação desses documentos é mais importante do que alimentar a curiosidade das pessoas.

— Então, acha que iremos encontrar lá o que procura? — perguntou Luís Augusto.

— Lembre-se de que Ludwig disse que era um documento secreto do Vaticano, ou seja, algo que não deverá estar aberto ao público. — Aduziu Ali Aleck.

— Sim, pensei nisso. Mas tenho um plano e preciso de ajuda.

Todos pararam para ouvir.

— Penso primeiro em conseguir uma indicação para entrar na biblioteca. E o professor di Biasi poderá nos ajudar, levando-nos ou indicando-nos com quem falar.

— E depois? — perguntou Luís Augusto.

— E se ele quiser pesquisar junto? Já pensou que terá de inventar uma boa história? — perguntou também a esposa.

-É uma possibilidade, mas prefiro não pensar agora, senão não sairemos daqui. Na hora veremos o que fazer caso ele queira ficar.

— Mas o que dirá a ele? Qual a justificativa de estarmos aqui? — perguntou Shang Lee.

— Contarei uma parte da verdade, a parte que é possível falar. Direi que estamos aqui de férias, minha família e, eu e que, ao mesmo tempo, vocês dois, Ali Aleck e Shang Lee, vieram para fazer alguma pesquisa. Direi que já foram orientados por mim. Em relação a Ali Kazan, falarei a verdade, ou seja, que é pai de Ali Aleck e muito meu amigo também, quanto me ajudou diversas vezes no Egito. Enquanto fazemos turismo na Itália, aproveito a oportunidade para dar algumas orientações a vocês dois, em razão de que a linha de pesquisa de vocês é a história do Egito antigo e eu também me especializei nessa área. Como sou muito amigo do pai de Ali Aleck, aproveitamos para nos encontrar em Roma para colocarmos nossa conversa em dia. E minha orientação para Ali Aleck seria até uma forma de agradecimento ao que Ali Kazan me fez quando fiz pesquisas no Egito.

-E acha que ele acreditará?- perguntou Ali Kazan.

—Talvez... Espero... Havemos de tentar.

— Mas não é estranho, um pai e o filho egípcios virem sozinhos, sem a família? -, acrescentou Sofia.

— Estranho é. — Comentou Ali.

— Ora, não dificultem tanto as coisas. Temos de tentar alguma coisa. Caso ele pergunte, tentemos esse argumento da amizade. Tem de dar certo! Nós somos amigos de longa data. Seu filho estuda a cultura egípcia como eu. Não pode falhar!

— Certo, professor. Suponhamos que esse professor italiano consiga acesso para nós, e depois? — voltou Ali Aleck ao cerne da questão.

— Bom, a primeira coisa é conhecer a biblioteca do Vaticano. Ela é uma ampla biblioteca. Ao entrarmos teremos de ver onde ficam os documentos secretos. Ao mesmo tempo, teremos de iniciar a procurar livros que possam se referir ao Egito, mesmo porque, lembre-se de que esse é nosso objeto de estudo.

— Iremos todos lá? — perguntou Luís Augusto.

— Sim, poderemos ir. Não vejo razão para não ir. Aliás, é até possível, para conhecer o acervo bibliográfico da biblioteca. Se quiserem, poderão procurar alguma coisa a respeito da área de interesse de cada um.

— Certo, professor, e depois? O importante é acharmos aquele documento. O que faremos?- insistiu Ali Aleck que se mostrava bastante objetivo.

— Sem conhecer o seu interior fica difícil decidirmos o que fazer, não é certo? — respondeu João Pedro.

— Realmente, faz sentido. — Acrescentou Shang Lee.

— Pois bem, a primeira coisa que farei é procurar o professor Luca di Biasi. Irei sozinho, enquanto vocês passeiam um pouco pela cidade. Ao fim da tarde, encontro vocês no hotel.

Decidido como fariam, João Pedro foi à busca do professor italiano, enquanto sua família e seus amigos aproveitaram a tarde para conhecer algumas das características de Roma, a cidade eterna.

Não foi difícil para o professor português encontrar seu colega italiano. De fato, o mesmo se encontrava em seu gabinete na Universidade La Sapienza de Roma.

— Nossa, que estranha surpresa! — admirou-se di Biasi ao ver o professor João Pedro adentrar em seu gabinete.

— Surpreendente, não é? Vim a Roma sem avisar ninguém, por isso não liguei. Estando aqui, decidi fazer uma surpresa. Como vão as coisas?

— Agora tudo está mais tranquilo. As aulas acabaram, já entreguei as notas e já finalizei todas as atividades escolares. Finalmente, posso me dedicar aos meus estudos. Tenho analisado detidamente o que as profecias maias significam, sobretudo em face das alterações que o planeta poderá viver com a mudança de era.

— As profecias maias eu já li a respeito e conheço inúmeras das suas previsões. Mudança de era, professor? O que significa isso?

— Professor Álvares, tentarei explicar em poucas palavras o que significa mudança de era. Da mesma forma que os signos regem determinados períodos do ano, a mudança de era significa que o planeta Terra deixa a casa de uma constelação e ingressa em outra. Com isso, crê-se que haverá mudanças sutis nas pessoas e no próprio planeta, alterando seu padrão de pensamento.

— Mas o senhor acredita nisso, professor di Biasi?

—Vejo essas crenças com olhos de pesquisador. Para mim, o importante é entender a influência que essa crença exerce sobre as populações. De fato, é possível que ocorra uma mudança, não em relação, especificamente, à conjunção planetária, mas em razão da influência que essa crença faz nas pessoas. Observe que a crença gera alteração ao ser humano e, consequentemente, no planeta.

— Entendo.

— Minha pesquisa é mostrar a influência que textos como esse podem causar nas pessoas. A mudança de era, como dizem os místicos, é a alteração no padrão psíquico a partir de um evento externo, qual seja o deslocamento do planeta Terra de um ponto a outro, trocando a influência de uma constelação por outra. Mas o que pesquiso é a influência dessa crença sobre as pessoas. Assim, mostro que a alteração do padrão psíquico se dá em razão da mudança de pensamento da humanidade. A alteração passas a ser um evento interno.

— Mas influenciado por um fator externo.

— Sim, exatamente, um fator externo desencadeia uma alteração interna. Se não houvesse essa mudança interna, não significaria nada a passagem do planeta de uma era a outra. O importante é que a crença traz mudanças no indivíduo. E se a crença é do indivíduo, logo a alteração é causada por ele próprio e não por fatores externos.

— Interessante a sua linha de pesquisa.

— Sim, isso mostra influência que a crença religiosa tem sobre as pessoas. E o mais interessante é que as pessoas atribuem as mudanças, quaisquer que sejam, a outros fatores, que não ela própria.

— Mas se sentem bem...

— Sim! Exato! Para mim, a religião apresenta inúmeras virtudes, dentre as quais a capacidade de aliviar o sofrimento do indivíduo. Diante do sofrimento, o indivíduo procura conforto numa religião e, a partir dessas palavras reconfortantes, ele muda o estado de ser e se sente melhor. Atribui à religião ou à figura que falou com ele, mas o fato é que somente assimilando aquelas palavras, e essa assimilação se dá em razão da crença, é que o indivíduo consegue alterar-se, melhorar sua condição.

João Pedro observou na mesa do professor di Biasi inúmeros textos de origem religiosa e ficou pensando: "Não estaria, de certa forma, sua presença, em Roma, influenciada por uma questão religiosa?"Tudo havia começado por causa de uma pesquisa sobre um possível tesouro de Akhenaton, e fora o Faraó que instituíra uma religião monoteísta no Egito. Depois, suas pesquisas o levaram a Israel onde pôde constatar mais informações desse intrincado quebra-cabeças aludindo a tesouro ligado a Deus. Mesmo no Egito, ao retornar, notou que a queda do monoteísmo de Akhenaton se deu em virtude de uma disputa religiosa com os sacerdotes de Tebas. E o mais interessante era que nas duas nações fazia-se alusão a um tesouro envolto em questões religiosas. E chegara a Roma para continuar a desvendar esse mistério. E onde chegara? Ao Vaticano, na Praça de São Pedro onde se encontra um obelisco retirado do Egito e que possuiria informações sobre aquela "caça ao tesouro". Não estaria de todo errado seu amigo. Sem dúvida, estava diante de mais uma influência da religião, sobretudo ele, que procurava se manter tão afastado dessas questões.

— Então, professor Álvares, até agora não me disse o motivo de estar em Roma.

— Bom, eu vim a turismo com minha família. Tanto minha esposa como meu filho queriam vir a Roma e com as férias escolares viemos passar uns dias aqui...

— E onde eles estão, por que não os trouxe? Podemos até marcar um jantar talvez. É só falar com minha esposa.

— É que não estamos sozinhos. Como sabe, minha linha de pesquisa é o Egito antigo e, aproveitando minha vinda aqui, dois jovens pesquisadores que foram por mim orientados resolveram vir aqui. O nome deles é Shang Lee, português, e Ali Aleck, egípcio.

— Shang Lee é um nome tipicamente português... — comentou, ironicamente, Luca di Biasi.

— Sim, é estranho, sim. Mas ele é originário de Macau. Os dois sempre foram ótimos alunos e desde que se conheceram se dão muito bem e possuem gostos em comum. Adoram pesquisas de campo e ambos são egiptólogos."

— Em relação ao Ali...

— Ali Aleck.

— Isso, Ali Aleck, não é de se admirar. Ele está estudando a história de seu país.

— Além disso, quando fiz pesquisa no Egito, o pai de Ali Aleck, Ali Kazan ajudou-me imensamente. Assim sinto-me no dever de ajudá-lo.

-E eles estão aqui em Roma?

— É, exatamente, isso que estou tentando dizer. Com a minha vinda aqui, os três vieram também.

—Três?

— Sim, Shang Lee e Ali Aleck vieram com o objetivo de aprofundar seus estudos, analisando documentos que se encontram em Roma. E Ali Kazan aproveitou vir com o filho para que pudéssemos conversar um pouco.

— Ele é muito amigo seu?

— Sim, bastante. Ele me diz que influenciei o filho dele a estudar história e depois tornar-se egiptólogo.

— Sim, entendo... E onde estão todos? Por que não os trouxe? Poderíamos até tomar um café. O professor sabe que os cafés italianos são ótimos!

— Não faltará oportunidade. Mas estou aqui para pedir uma ajuda. Ali Aleck e Shang Lee precisam visitar a biblioteca do Vaticano e acredito que o senhor poderá nos indicar com quem conversar.

— Sim, sim. Eu sei com quem eles podem conversar. Tenho um amigo padre que trabalha na biblioteca. Aliás, não teria como não nos tornarmos amigo. Fui tantas vezes lá. E ele sempre me ajudou. É uma pessoa muito cordial e educada.

— Muito obrigado.

—Vamos nós, então, tomar um café. Temos muito a conversar.

— Será um prazer.

E saíram pelas ruas de Roma. O professor italiano queria mostrar ao colega português uma das muitas virtudes italianas, a qualidade do café.

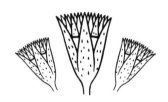

CAPÍTULO XIX

À noite, enquanto jantavam, João Pedro contou ao grupo o sucesso das conversas com Luca di Biasi.

Luca é muito expansivo, uma pessoa muito educada. Já se colocou à disposição de nos levar à biblioteca do Vaticano amanhã de manhã, e até se prontificou a conversar com um padre que é amigo dele e que poderá nos ser útil.

— Sim, mas até aí não sabemos o que procurar, que documento encontrar. E um padre ao nosso lado não irá facilitar. Ainda mais se esse documento for secreto mesmo. — Falou Luís Augusto.

— Calma, filho. Tudo tem seu momento. — Respondeu João Pedro.

— O importante, Luís, é conhecermos a biblioteca, sua estrutura. Depois será mais fácil decidir o que fazer. Documentos para pesquisar existem. Podemos pedir os mais variados documentos e poderemos passar horas ou dias lá. — Falou Shang Lee.

— Só que temos de descobrir onde está o tal documento secreto. — Contra-argumentou Luís Augusto.

— Sim, é fato. Mas sem afobação. — Falou novamente João Pedro.

— Será que tem muita segurança lá? — perguntou Ali Kazan.

— É uma biblioteca, Ali, tem a segurança que uma biblioteca deva ter. Por quê? — respondeu o professor.

— Mera curiosidade. — Respondeu o egípcio.

— O que precisamos ter em mente é o seguinte: se conseguirmos ganhar a confiança do padre, ótimo. Caso não ocorra, teremos de ser persuasivos, enquanto um irá procurar o tal documento.- Disse Luís Augusto.

— Tudo isso parece fácil na teoria... — comentou Sofia.

— Veremos amanhã..

Terminaram o jantar. A noite estava quente e foram todos conhecer alguns outros pontos turísticos em Roma. Apesar de Ali Kazan e Ali Aleck serem muçulmanos, o fato de se encontrarem em Roma, cidade sede do catolicismo, não os abalou. Desde muito cedo Ali Aleck aprendeu com Ali Kazan que a fé das pessoas não pode interferir no relacionamento com os demais. A religião é, conforme sempre dizia, uma manifestação de crença, de fé individual e jamais pode servir de imposição de uns sobre outros nem servir para segregar grupos. Para ele, diferente de muitos, na essência, todos são iguais, portanto, deveria haver respeito entre seus semelhantes, independentemente da religião, do país de origem, da classe social, cor da pele e outras. Sempre educara seus filhos com essa premissa. Então, para eles, conhecer Roma, era uma oportunidade interessante. Na verdade, cada um pode, através da sua crença, atingir um objetivo, que é a manifestação do divino em si mesmo, sem que para isso necessite se sobrepor aos demais. A religião, em sua visão seria um exercício na busca do autoconhecimento e não uma ferramenta ou um artifício para guerras ou diferenças entre as pessoas.

— É curiosa esta fonte. As pessoas jogam moedas aqui. — Comentou Ali Kazan.

— E é muito bonita também! — completou seu filho.

— Esta é a Fontana de Trevi. Em torno dela há uma crença antiga que, ao se jogar uma moeda, devemos fazer um pedido. — Disse o professor.

— Hum... Curioso. — Falou Ali Kazan.

Ficaram um pouco mais admirando aquela fonte e continuaram andando pelas ruas de Roma. O clima propiciava isso e as ruas todas estavam cheias de gente.

Voltaram ao hotel para dormir. No dia seguinte, iriam ao Vaticano e conheceriam a famosa biblioteca. Com sorte, conseguiriam localizar o documento. Com muita sorte, essa procura seria breve. Para eles não havia possibilidade de falha.

No dia seguinte, todos estavam ansiosos e ao mesmo tempo curiosos. A visita ao Vaticano é marcante para qualquer um, mesmo que não esteja atrás do conforto religioso. Em questão de arte, o Vaticano é um lugar que deve ser visitado. Após o café da manhã partiram.

— Tenham calma. Ainda nem chegamos à biblioteca para que todos fiquem nervosos. — Falou João Pedro.

Com efeito, ao chegarem à Praça São Pedro, tendo ao fundo a Basílica de São Pedro, puderam notar no centro da praça o obelisco egípcio.

— Sem sombra de dúvida, esta praça é espetacular. — Comentou Luís Augusto.

— Linda mesmo. — Continuou Sofia.

— E o conjunto arquitetônico é marcante. As colunas, a basílica ao fundo, o obelisco no centro. — Comentou Shang Lee.

— Sim, é bonito, mas esse obelisco ficaria melhor no Egito, de onde foi tirado. Infelizmente houve muito saque ao patrimônio do Egito antigo. Muito foi levado. Até mesmo material arqueológico muito importante para nossa história. — Comentou Ali Aleck com a voz um pouco triste.

— Não se sinta exclusivo nisso, Ali. Muitos outros países passaram por isso. — Falou João Pedro.

— Sim, eu sei... — Ali Aleck quis dizer mais alguma coisa, mas sabia que não adiantaria argumentar.

Em pouco tempo, João Pedro pôde reconhecer Luca di Biasi próximo ao obelisco:

— Ele está ali. Venham!

Ao se aproximarem, o professor italiano reconheceu seu colega português e logo começou a falar, mostrando sua expansividade.

— Olá a todos — e foi se apresentando a cada um. — Esta praça é um ponto extraordinário. Pessoas do mundo todo vêm conhecê-la. O que acham dela?

Todos concordaram com ele. A beleza daquele lugar estava acima de qualquer conotação religiosa e mesmo os muçulmanos Ali Kazan e Ali Aleck se renderam à beleza daquela praça.

— O professor di Biasi tem predileção especial sobre questões religiosas. Ele passou a vida estudando a influência religiosa sobre as populações.

— Ora, não exagere as coisas, professor Álvares. -Acenou com as mãos e um leve sorriso Luca di Biasi. —Venham, vou lhes mostrar a Basílica.

Não havia como não segui-lo. A curiosidade para conhecer aquela Basílica era comum a todos e dirigiram-se à escadaria. No seu alto há 140 estátuas de anjos, mártires e santos feitos por artistas importantes para a história da arte, como Michelangelo, Rafael e outros. Dentro, os afrescos são igualmente marcantes. Toda a Basílica proporciona um estado de contemplação e meditação. Ela é enorme, mas igualmente acolhedora. Turistas iam e vinham e religiosos também passavam de um lado para outro.

— Percebem como ela é magnífica? É impossível ficar impassível diante dela! — comentou Luca ao mostrar o interior da Basílica.

Ficaram um tempo admirando aquele templo, até que Luca os chamou:

—Venham, vamos até a biblioteca. Acredito que têm vontade de continuar suas pesquisas.

E todos o seguiram sem contestar. Parecia que ele tinha entendido qual era o real motivo de estarem ali. Apesar de admirados com o requinte do ambiente, estavam ali em busca de outra coisa. Uma informação que pudesse desvendar o mistério daquele tesouro. Deixaram a Basílica e seguiram em direção à biblioteca através do caminho indicado pelo professor Luca di Biasi.

— O meu amigo, padre Luigi Alberto Abiato, nos espera. Ontem à noite já conversei com ele sobre vocês e ele disse que não haverá problemas em ajudá-los. — Disse o professor italiano, levando-os em direção a um padre que se encontrava próximo ao obelisco da Praça São Pedro.

— Olá, padre Luigi, como está?

— Professor di Biasi! É um prazer revê-lo!

— Padre Luigi, estes são o professor Álvares, Sofia, sua esposa, Luís Augusto, seu filho, Shang Lee, pesquisador português de origem chinesa, Ali Kazan e seu filho Ali Aleck, ambos egípcios. Shang Lee e Ali Aleck são egiptólogos e contam com a orientação do professor Álvares para a pesquisa que realizam.

— Sim, que ótimo. E sobre o que é a pesquisa?

O professor di Biasi parou, pensou e se lembrou de que não havia perguntado a João Pedro qual era o objeto de pesquisa. Certamente, era sobre o Egito, área de interesse dos três historiadores, mas não sabia, especificamente, qual o objeto de pesquisa.

— Realmente não sei... Professor Álvares, sobre o que é a pesquisa?

João Pedro hesitou um pequeno segundo, olhando para seus companheiros, porém respondeu:

— Nossa pesquisa é sobre Akhenaton, o Faraó monoteísta.

— Faraó monoteísta? — admirou-se o padre Luigi.

— Pois é isso o que ouviu, padre Luigi, houve um Faraó, chamado Akhenaton, que implantou o monoteísmo no Egito.

— Explicou João Pedro. — No entanto, esse monoteísmo durou somente enquanto Akhenaton reinou. Por causa de divergências com os sacerdotes de Tebas, que haviam perdido seu poder, após sua morte o Egito voltou a ser uma nação politeísta.

— Formidável! Confesso minha ignorância nesse assunto, mas como verão, é realmente impossível ler todos os livros desta biblioteca. Não obstante, espero ser-lhes útil.

— Agradecemos muito, padre Luigi, sua ajuda. — Respondeu João Pedro, novamente, olhando para seus companheiros.

— Confesso que me interessei com o estudo de vocês. Como sabe, a questão religiosa muito me interessa. É evidente que já tinha ouvido falar de Akhenaton, mas nunca havia estudado mais, profundamente, sua reforma religiosa. O que sei sobre ele é o que, normalmente, se ensina quando estudamos o Egito antigo. Nada mais. — Falou Luca di Biasi para o professor Álvares enquanto andavam.

— Sim, professor di Biasi, passaremos para você todas as informações que temos. — Disse João Pedro, já pensando, no que poderia dizer ao professor italiano.

Ao entrarem na biblioteca do Vaticano, sentiram-se como se estivessem invadindo um espaço secreto e muito bem protegido. A aura de mistério que paira sobre aquela biblioteca tornava-a mítica e agora tinham o direito de entrarem nela e sentiam que desvendariam seus mistérios. Era impossível para eles permanecerem indiferentes. O padre Luigi os levou à sala Leonina, ampla sala de leitura.

— Enquanto esperam um pouco aqui, irei disponibilizar nosso documento sobre o Egito.

E o padre Luigi os deixou. Esperaram por pouco tempo e aproveitavam para observar cada detalhe daquela biblioteca.

—Venham! — chamou o padre Luigi após sua breve ausência. -Vou levá-los ao nosso arquivo egípcio.

A excitação do grupo crescia a cada momento. Se tivessem sorte, conseguiriam localizar rapidamente o que procuravam. Enquanto folheavam livros, o padre Luigi e o professor di Biasi se afastaram para conversar um pouco.

— Finjam fazer anotações, sobretudo no que se relacionar com religião do antigo Egito. Temos de mostrar algum resultado.

— Sussurrou João Pedro para seus companheiros.

Com efeito, todos, até mesmo os não historiadores, faziam anotações, fato que poderia ter chamado a atenção de alguém que os tivesse seguindo. Mas como o padre Luigi e o professor di Biasi não eram essas pessoas, não prestaram atenção a esse detalhe.

Ficaram algumas horas pesquisando. A vontade de encontrar alguma coisa fez até que perdessem a hora do almoço. Era evidente que o padre Luigi e o professor di Biasi queriam ter saído para almoçar, mas com a recusa do grupo do professor Álvares de deixar a biblioteca, ficaram ali até o meio da tarde, quando o grupo, já faminto, desistiu de continuar as pesquisas aquele dia. Apesar de toda a empolgação, não tiveram muito sucesso. Decidiram que continuariam no dia seguinte.

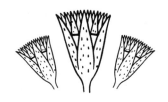

CAPÍTULO XX

Não fiquem desanimados porque não conseguimos nada hoje. — Disse João Pedro enquanto jantavam. — Sabíamos que não seria fácil.

— Sim, é certo. Mas não sabemos onde procurar. — Respondeu Ali Kazan.

— Ora, não sejamos pessimistas. Até agora já tivemos bastante sucesso. Depois de tantas adversidades, sequestros de Shang Lee, Ali Aleck, da minha família e sermos enterrados vivos. Estamos aqui, em Roma, tentando evitar que um grupo de radicais empreenda uma ação global que nos levará a períodos muito difíceis. — Argumentou João Pedro.

— Hoje, nós pudemos conhecer o interior da biblioteca. Já sabemos como são arquivados os livros e como poderemos procurar. E pelo que notei, há uma sala fechada onde possivelmente estão guardadas as obras raras e secretas. — Comentou Shang Lee.

— Eu também notei. É uma sala com uma grade de ferro e uma porta de madeira atrás, não é isso? — falou Luís Augusto.

— Sim, é exatamente essa. É essa sala. Não consegui ver o que tinha dentro, pois, não quis me aproximar. — Comentou o jovem pesquisador português.

— Pensei o mesmo. — Respondeu o filho do professor João Pedro.

— Eu não consegui ver essa sala. -_Falou Sofia.

— Pois bem, sabemos onde possivelmente estará o que procuramos e sabemos também de como funciona a segurança da biblioteca. Temos de tomar uma decisão importante que poderá nos custar muito. — Falou João Pedro.

Fez-se silêncio no jantar. O único barulho que se ouvia era o tilintar dos talheres. E mesmo esse barulho tornava-se ensurdecedor, pois, todos já imaginavam a proposta, mas evitaram pensar nela até aquele momento.

—Teremos de arrumar um jeito de entrar naquela sala. E isso poderá por em risco todos nós. Por isso, se alguém quiser desistir, este é o momento.

Olhou o professor português para cada um e continuou:

— Eu prefiro que Sofia e Luís Augusto não participem disto.

— Nada disso! — falou Luís Augusto energicamente. — Já fui sequestrado por aqueles bandidos e não vou deixar que assumam o poder como planejam.

— E eu vou ficar para proteger os dois. São a minha família e sem vocês não vou a lugar nenhum. — Completou Sofia.

— Nós também estamos junto. — Falou Ali Kazan, olhando para o filho que anuiu com a cabeça.

— Não pensem que ficarei de fora. O risco é inerente ao nosso propósito. — Completou Shang Lee.

— Muito bem, é a segunda vez que faço essa proposta. E ainda assim todos mantiveram a decisão de continuar. Saibam que estamos a um passo de infringir muitas de nossas convicções. Iremos invadir um lugar, uma sala. Sabemos de nossas intenções, mas sabemos que não acreditarão em nós. É um risco que correremos e falo isso para que todos saibam no que estamos nos metendo.

— Qual é a sugestão, professor? — indagou Ali Aleck.

João Pedro notou que todos sabiam dos riscos que corriam e passou para a fase de execução de ideias.

— Notaram se existe alguma segurança especial naquela sala?

— Não vi nada. — Respondeu seu filho.

— Também não notei nada. — Falou Shang Lee.

— Pois bem, o que pensei em fazer é bastante simples, mas deve bastar. O que preciso é que alguns fiquem realizando suas pesquisas, como hoje. Um de vocês ficará observando as obras perto daquela sala enquanto eu entro lá para procurar alguma coisa. Se alguém se aproximar da sala, basta esse vigia interceptar e fazer alguma pergunta qualquer enquanto dá uma única batida na porta. Assim ficarei sabendo que tem alguém entrando."

— Não é perigoso? — perguntou Sofia.

— Sabemos dos riscos, mas temos de correr. Quem ficará por perto da porta?

— Eu fico. — Respondeu Shang Lee.

— Ótimo! Está decidido.

— E como abrirá as portas? — insistiu sua esposa.

— Quando eu era mais jovem, aprendi algumas coisas com amigos. Não se preocupe, saberei como entrar.

O resto do jantar e da noite transcorreram tensos como era de se esperar. E o tempo passou até que a manhã chegou. Depois do café-da-manhã foram ao Vaticano onde encontrariam com o professor Luci di Biasi e o padre Luigi Alberto Abiato.

Esperaram um pouco próximo ao obelisco da praça São Pedro. Todos portavam cadernos para anotações. Fazia parte da estratégia, embora se alguém prestasse atenção, veria que nem todos eram historiadores.

Até que, após algum tempo, o professor italiano chegou.

— Desculpem a demora. Passei antes na faculdade para deixar alguns documentos que estou analisando. Irei acompanhá-los à biblioteca e ficarei conversando com o padre Abiato enquanto vocês fazem suas pesquisas. O padre Abiato é muito esclarecido em relação às questões da fé e já tivemos inúmeras conversas esclarecedoras. Talvez consigamos alguma nova fonte de pesquisa.

E Luca di Biasi levou-os em direção à biblioteca onde o padre Abiato já os esperava. Como no dia anterior, o padre indicou o acervo bibliográfico referente ao Egito antigo e deixou o grupo para sua pesquisas, enquanto se afastava com o professor italiano.

Era o momento para realizarem a invasão.

O grupo se dividiu em três: Luís Augusto e Sofia foram para um lado. Ali Aleck e Ali Kazan para outro. Ambos pegavam livros e mais livros para fazer anotações. Enquanto isso, João Pedro e Shang Lee foram em direção à sala secreta.

Com um grampo em mãos, João Pedro abriu a porta metálica. Após, com o mesmo grampo, abriu a porta de madeira e deu um sinal para Shang Lee. Entrou na sala.

Shang Lee ficou próximo à sala. Igualmente fingia fazer pesquisas, mas prestava atenção ao redor, em cada movimentação dentro da biblioteca.

O tempo parecia parado. A tensão nos cinco restantes era evidente, mas procuravam disfarçar, olhando todo o acervo acerca do Egito antigo. O tempo passava e João Pedro não saía.

Em certo momento, um funcionário se encaminhava em direção a Shang Lee. Sofia e Luís Augusto, que estavam no ângulo de visão de Shang Lee, pararam a respiração. Mas aquele funcionário, que estava uma estante antes de chegar ao corredor daquela porta, virou e foi em outra direção. Alívio geral.

Mas já passava da hora do almoço e João Pedro não saía. Ali Kazan observava a distância o professor di Biasi e o padre Abiato. Notou que o professor italiano começou a ficar impaciente e olhava constantemente para o relógio.

Quando o professor se levantou, vindo em direção ao local onde pesquisavam, Ali Kazan falou para Ali Aleck tirar algumas supostas dúvidas. Não foi difícil entreter o professor italiano, falando sobre religiões antigas, em especial, sobre o reinado de Akhenaton.

Shang Lee, notando a aproximação do professor di Biasi, se aproximou da porta, mas saiba que não deveria entrar. Queria de algum jeito avisar o professor Álvares.

Mas não demorou muito e João Pedro saiu daquela sala sorrateiramente. Fechou, cuidadosamente, as portas e ficou conversando com Shang Lee enquanto ambos folheavam livros. Nesse instante, Luca di Biasi se aproximou.

-Vocês não estão com fome? Faz horas que estamos aqui e sequer se manifestaram de ir almoçar. Querem ir? Conheço um bom restaurante.

—Vamos então! — disse João Pedro, chamando os demais.

Todo o grupo, incluindo o professor di Biasi e o padre Luigi foi almoçar no restaurante indicado pelo professor italiano.

— Então, acharam algo? — perguntou o padre.

— O acervo é muito grande. Temos muito a pesquisar. — Falou João Pedro.

Todo o seu grupo entendeu que não havia achado o que procuravam, causando certa frustração em seus companheiros. O risco que tinham corrido era muito grande e gostariam de não passar novamente por ele. Porém, com o insucesso daquele dia, haveria necessidade de mais riscos.

O almoço transcorreu com relativa calma. À exceção de Luca di Biasi e Luigi Alberto Abiato que conversavam muito e, vez por outra, João Pedro Álvares que respondia alguma pergunta, todos os demais mal abriam a boca para comer. A frustração, da empreitada da manhã, parecia ter tirado a fome deles.

— Voltarão á tarde à biblioteca? — perguntou o padre Abiato.

— Não, não voltaremos. Como eu disse para o meu amigo, o professor di Biasi, estamos de férias e precisamos passear um pouco em Roma. Amanhã nós voltaremos no mesmo horário.

— Está certo, então. Amanhã nos encontraremos. — Respondeu o padre, já se afastando, após terminar o almoço.

— Precisam de mim? Querem que os levem a algum lugar específico de Roma? — acrescentou Luca di Biasi.

— Não é necessário que se incomode. Nós andaremos sem destino certo, para conhecer Roma como ela é. Fique tranquilo, amanhã, nos encontraremos na praça do Vaticano. — Respondeu João Pedro.

— Tudo bem. Amanhã nos encontraremos. — E Luca di Biasi afastou-se na companhia do padre italiano.

Saíram no caminho oposto. Andavam em silêncio. Após andarem pelas ruas de Roma, observando detalhes sobre a vida daquela cidade, chegaram ao Coliseu. Aquela construção é realmente interessante de se observar. Dirigiram-se a ela para conhecê-la por dentro.

Ao entrarem, Sofia perguntou: — Não achou nada, João?

— Há muitos documentos. Não sabia por onde começar. Apesar de tudo muito bem organizado, tive de procurar em vários deles, mas não achei. Não vi todos, evidentemente, e tenho de voltar lá.

— Mas é muito perigoso — arguiu a esposa.

— Sim, mas temos de fazê-lo.

— Não haverá outro jeito? Deve haver uma alternativa. — Comentou Ali Kazan.

— Pois tenho pensado nisso o tempo todo e não me vem nada à cabeça. — Respondeu o professor português.

— Mas nem sequer achou qualquer documento ou pista? — insistiu Shang Lee.

— Nada! Nenhuma!

Sabedores do acontecido o silêncio caiu sobre o grupo. Observavam o coliseu, mas o pensamento deles parecia estar bem mais longe.

—Vamos. Vamos andar pela cidade. Talvez um pouco de movimento ajude a clarear as ideias. — Falou João Pedro.

Apesar da pouca animação em conhecer a cidade, saíram andando. Como o objetivo era conhecer as peculiaridades da cidade, não se limitaram a observar os monumentos históricos. Foram conhecer a Estação Termini, a maior estação ferroviária da Europa. Enquanto andavam pela Forum Termini, centro comercial ao lado da estação, João Pedro foi esbarrado por um jovem.

— Ei, espere aí! — gritou. Mas o jovem não parou.

— O que foi? — perguntou o filho.

— Aquele moço bateu em mim e me passou este bilhete.

— Respondeu, olhando na direção em que foi aquele jovem, tentando segui-lo.

Todos procuraram seguir aquele jovem, mas o grande movimento de pessoas fez com que o perdessem no meio da multidão.

— O que aconteceu? O que tem nesse bilhete? — perguntou Sofia.

— Não tenho dúvidas, foi proposital, como aconteceu no Cairo.

— E o que tem nele? — perguntou Shang Lee.

João Pedro hesitou um pouco, olhava para a multidão, tentando encontrar aquele jovem, mas, sabendo que o havia perdido, abriu o bilhete.

"O tesouro está nos olhos de quem sabe olhar, nos ouvidos de quem sabe ouvir e no coração de quem sabe sentir."

"A proteção do tesouro foi confiada a homens de coragem, que tiveram a ousadia de desafiar o tempo e a ignorância das massas para preservar e respeitar seu segredo."

— O que significa isso? — perguntou Sofia.

— Não faz nenhum sentido! — completou Luís Augusto.

João Pedro olhou novamente na direção em que fora aquele jovem e depois ao redor, procurando-o ou talvez tentando identificar alguma pessoa, que pudesse estar ligada a ele, ou que estivesse seguindo-os. Mas nada. Não conseguiu identificar ninguém, muito menos o significado daquela frase enigmática.

— Vamos ao hotel. É quase hora de jantar. Precisamos descansar.

— Mas como? O que significa isso? O que quer dizer? Cadê a pessoa que entregou isso? — perguntava Luís Augusto.

— Não sei nada disso. Se soubesse onde está quem me entregou isto, já estaria falando com ele. Vamos embora. — Respondeu.

Ao chegarem ao hotel, sentaram numa das mesas para conversar.

— Não é possível que isso esteja acontecendo de novo. No Cairo aconteceu a mesma coisa. Foi por isso que fui a Jerusalém.

— Mas isso não faz sentido! — falou Sofia apontando para o bilhete.

— Sim, realmente não faz. O bilhete que recebi no Cairo dizia, expressamente, que o que procurava não estava no Egito e sim em Israel. Mas este é totalmente diferente.

-,Vamos analisar com calma o que temos aqui. — Falou Ali Aleck. — Temos a frase completa. Significa que quem nos entregou esse bilhete sabe o porquê de estarmos aqui. Então já sabemos que somos seguidos e que, de alguma forma, nossos passos estão sendo vigiados. Inclusive a nossa ida à biblioteca.

Todos pararam para analisar o que Ali Aleck dizia. Realmente, não tinham se atentado a isso ainda.

— Ou seja, sabem o que fazemos e estão nos seguindo...- falou Luís Augusto.

— E, provavelmente, nos seguem desde o Cairo. — Completou Ali Kazan.

— Certo. Temos a frase completa. E isso nós já tínhamos, pois Ludwig Von Schutze já havia nos dito ela inteira. Bem como sabemos onde está escrita que é no obelisco no centro da Praça São Pedro no Vaticano. — Começou a juntar o quebra-cabeças o professor João Pedro.

— Sim. E temos que levar outra coisa em consideração. Prestem atenção à primeira parte dessa frase — apontou Shang Lee para o bilhete -.está grafada em hieróglifo:"...em Akhetaton, capital, no reinado de Akhenaton, do Egito antigo. A segunda parte dele, que inclui a primeira, está escrita em aramaico:"...em ruínas, do primeiro Templo de Jerusalém, capital da antiga Judéia". E a frase completa, englobando as outras duas, está escrita em latim:"...em Roma, sede do antigo Império Romano".

— Sim, continue. — Encorajou o professor.

— Realmente é interessante notar que são três nações diferentes onde essa frase aparece. E ela foi grafada de tal forma que permanecesse eterna, sem sofrer desgastes do tempo, como se indicasse algo. — Continuou o egiptólogo sino-português.

— Sem dúvida, isso nós já sabemos. — Argumentou Ali Aleck. — Mas o quê?

— Não entenderam o que falei. — Continuou Shang Lee. — Não foi uma só pessoa quem deixou essa frase nos três lugares. Deixando-se de lado a possível ocorrência de uma extraordinária coincidência, fato que não acredito, é possível afirmar que foi um grupo e não só um indivíduo que as fez. E esse grupo esteve presente ativamente na história dessas cidades através dos tempos.

— Faz sentido o que diz... — comentou o professor.

— Prestem atenção. As frases se encontram em lugares relevantes das respectivas cidades. O templo de Akhenaton, o Muro exterior do Templo de Jerusalém, o obelisco da praça central do Vaticano...

— E, pensando bem, estavam em lugares escondidos, parecendo, que somente poucas pessoas teriam acesso. — Continuou Ali Aleck.

— Exatamente isso que quero dizer. O padrão é o mesmo. A mesma frase aparece em templos relevantes para determinado período histórico, porém de forma oculta, para que poucos pudessem ter acesso ou saber que estão lá.

— E mesmo que descobrissem não saberiam o que significa. -Comentou Luís Augusto. — Como acontece agora.

— Mas espere, chegaremos a algum lugar. Temos de pensar. — Falou o professor, olhando para o filho. — Continue Shang Lee.

— Observem, esses templos não foram construídos na mesma época. Muito ao contrário! No entanto, o padrão é o mesmo. Um enigma oculto em um templo relevante.

— Sim... — pensou alto o professor.

— E os templos, pela sua relevância, teriam mais chances de serem preservados do que simples construções ou mesmo pergaminhos.

— Está coberto de razão. — Concordou novamente João Pedro.

— Mas pode significar também que escreviam para as gerações futuras, para que elas pudessem ter acesso e buscassem seu significado. — Falou Sofia.

— Pode ser, mas não me parece que seja isso. Parece ser uma mensagem que um grupo de pessoas tem perpetuado através da história, para que somente esse grupo tivesse acesso. — Falou o professor português.

— Espere um pouco, professor. Lembra-se de quando foi a Jerusalém? Lembra-se daqueles encontros misteriosos? O senhor disse que aquele indivíduo repetiu que a humanidade não está preparada para receber o tesouro. Por isso é que está escondido. — Falou Ali Kazan.

— Ou seja, essa mensagem não é um código interno do grupo, mas uma comunicação dele com a humanidade. É uma mensagem que, se interpretada, levará ao tesouro. É isso o que querem! Por isso da mensagem se encontrar em diversos lugares repetidos-.Entusiasmou-se Luís Augusto.

— Ou significa que o tesouro passou por esses lugares. E usavam essa mensagem como identificação. — Falou João Pedro, mostrando outra linha de raciocínio.

— Nossa, como é difícil este trabalho! — suspirou Luís Augusto.

—Vamos por partes. Há um grupo que através da história vem se referindo à existência de um tesouro grafando uma mensagem enigmática em templos relevantes para algumas culturas. Iniciou a aclarar o pensamento o professor Álvares. — Em Jerusalém, tive contato com um estranho que afirmou ter o tesouro mais importância do que a mera acumulação de riquezas, o que pode significar mais do que ouro, prata e pedras preciosas. E nesse ponto frisou a palavra *pode*. Além disso, deixou claro que há grupos de pessoas atrás desse tesouro e que precisam ser impedidos, mas sem a ajuda das autoridades. Em outras palavras, afirmou, categoricamente, a existência de um tesouro. E sabemos que esse grupo perdurou por várias gerações.

— Ou perdura, professor. — Corrigiu Shang Lee. — Não sabemos quem são ou o que fizeram.

— Tem razão. Se tomarmos por verdade o que aquele indivíduo misterioso falou, permanecem até hoje zelando pelo tesouro.
— Corrigiu-se João Pedro. — Mas agora surgiu mais dúvidas nesse intrincado problema. Precisamos descobrir o que é o tesouro? O que significa? E quem o protege?

— Só o fato de lutarem contra os neonazistas já significa algo bom. — Falou Luís Augusto.

— Olhando por esse prisma, sim, está certo, filho. Mas até que ponto estão certos em negar à humanidade algo que, segundo eles, iria beneficiá-la? Não sejamos precipitados. Todo cuidado é pouco.

Analisaram um pouco mais o documento. As ideias vinham, mas mais que respostas, havia inúmeras dúvidas.

"Já sabemos que o tesouro existe, tem um valor incalculável, seja lá o que significa isso. Há um grupo que através dos tempos tem zelado por ele e que neonazistas estão atrás dele. Se conseguirmos amanhã ter acesso àquele documento mencionado por Ludwig Von Schtuze..." — pensava o professor português que se levantara e andava de um lado para outro próximo à mesa.

— Amanhã iremos novamente ao Vaticano. Agiremos como hoje e conseguirei pegar esse documento. Amanhã há de dar certo!

Foram dormir. Mas mais uma vez foi uma noite agitada e pouco conseguiram dormir.

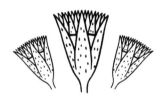

CAPÍTULO XXI

De manhã cedo, logo notaram que todos tiveram uma noite de sono péssima. Todos pareciam cansados, mas não poderiam desistir.

— Se houve esse fato duas vezes, de alguém me entregar um bilhete dando alguma instrução, é porque estamos no caminho certo.

— E se estiverem nos usando? Já pensou nessa hipótese? Estamos nos metendo em algo muito arriscado. — Protestou Sofia.

— Sim, está certa. É perigoso. Mas não podemos deixar o mundo se afundar em uma nova época de ditaduras. — Argumentou João Pedro.

Sofia até pensou em argumentar, mas sabia que agora seria inútil. Tivera sua chance de escapar daquelas aventuras, mas sabia que seu marido e seu filho permaneceriam obstinados em busca de um resultado. E sabia que, de certa forma, precisavam dela.

— Estão prontos? Vamos ao Vaticano! — reuniu João Pedro todo o seu grupo.

Partiram. Cada um e todos só tinham um pensamento. Conseguir encontrar o fatídico documento que pudesse indicar qualquer pista sobre o tesouro, seu significado, sua localização, seu valor. Qualquer coisa que servisse de guia para o próximo passo.

Ao entrarem na Praça São Pedro, o professor Álvares parou e observou:

— Olhem! Reconhecem aquela figura próxima ao obelisco?

Não poderiam ter esquecido, era um dos companheiros de Ludwig Von Schutze. Porém antes que este notasse a aproximação do grupo, todos os seis se dirigiram rapidamente, mas sem correr, para não levantarem suspeitas infundadas, à lateral, ficando atrás das colunas de estilo.

"O que ele faz aqui? Disseram que estavam a um passo do tesouro? Será que essa relíquia está em Roma?" — indagava-se João Pedro, enquanto observava aquela pessoa inconfundível, usando o mesmo estilo de roupa.

Notaram também que o professor di Biasi não havia chegado. Olhavam em todas as direções procurando Ludwig Von Schutze e seu outro companheiro. Mas não os localizaram.

— Que coisa! Achamos que poderíamos trabalhar despreocupados, mas eis que estão aqui em Roma. — Comentou João Pedro.

— Acho que ainda não acharam o tesouro. — Observou Luís Augusto.

— Sim, parece que sim. Mas não faz sentido. Disseram que estavam próximos. — Insistiu o professor.

"Talvez tenha surgido algum obstáculo. — Argumentou Ali Aleck.

— Ou que, no final das contas, o tesouro não exista. — Disse Sofia. — E se for tudo uma ilusão? É possível! Até agora só vimos suposições.

— Sim, pode ser... mas... — sussurrou para si João Pedro — que realmente respondeu à observação. — Mas, se...

— Professor Álvares?

Todos se viraram para de onde vinha aquele chamado.

— Sim? Sou eu. — Respondeu o professor mirando um padre.

— Poderia me acompanhar um pouco?

— Quem é o senhor?

— Trago uma informação importante sobre suas pesquisas na biblioteca.

— Mas estamos todos trabalhando juntos. Se é algo sobre as pesquisas, pode dizer.

— Preciso que me acompanhe, por favor.- Limitou-se a dizer aquele padre, já convidando-o para caminharem lado a lado.

O professor Álvares pensou um momento e falou:

— Irei com ele. — Esperem-me aqui.

— Será que descobriram alguma coisa? — perguntou Sofia, expondo o que o resto do grupo pensava sobre uma possível descoberta da invasão do dia anterior.

— Mas se tivessem descoberto, não seria um padre que iria chamá-lo, mas sim a polícia. — Falou Ali Kazan, tentando aliviar o clima, enquanto João Pedro já estava ao lado do padre.

E ora observavam João Pedro caminhar com o padre, ora olhavam para o sequestrador que ainda observava o obelisco e, vez por outra, fazia alguma anotação em sua agenda.

João Pedro caminhava ao lado do padre sem proferirem nenhuma palavra. Iam em direção à basílica de São Pedro.

— Então? O que deseja?

Silêncio. O padre apenas indicava o caminho. Ao subirem as escadarias, João Pedro foi à frente do padre. Temia por sua vida, em razão da atitude estranha do padre e temia por sua família e seus amigos, que ficaram na praça. "O que estarão pensando?"- pensava.

Entraram, e o padre, sem proferir uma palavra, indicou a direção lateral da basílica. Quando João Pedro se aproximou de um pilar, ouviu uma voz a suas costas. Notou que era diferente da voz do padre.

— Professor Álvares.

Ia virar-se, mas foi impedido.

— Por favor, não vire. Temos observado o senhor e seu grupo. Sabemos por que está aqui e sabemos o que procuram.

— Eu...

— Não fale ainda, apenas escute. Ontem recebeu um bilhete com uma frase. Como sabe, essa frase é encontrada em Akhetaton, a primeira parte, em Jerusalém, a primeira e segunda parte, e aqui em Roma, a frase completa.

João Pedro notou que aquele homem falava com seriedade e prestou atenção.

— Acredito que esteja claro ao senhor que essa frase é encontrada nesses lugares por uma razão. Sabe, pois, que há uma razão para isso. E sabe também que foram feitas em épocas diferentes, no entanto, com o mesmo padrão.

— Sim, já notei.

— Em Israel, quando mostramos ao senhor a primeira e segunda parte da inscrição nos vestígios do primeiro templo de Israel, construído por Salomão, acreditávamos que conseguiríamos libertar sua família e seus amigos, sem que houvesse necessidade de mais ação. Ledo engano.

— Não entendo o que diz.

— Aquele grupo de neonazistas realmente acredita que poderá se utilizar desse tesouro para construir um exército e jogar todo o planeta numa guerra interminável, só para atingirem o poder. Achamos que, com alguma pouca informação, ficariam desorientados. Mas não ficaram. Por isso é que lhe mandamos o segundo bilhete.

— E como sabiam que estamos aqui? O senhor trabalha com aquele homem misterioso que me ajudou em Jerusalém?

— Escute com atenção. Não é necessário ter acesso ao documento secreto. Se quiser, aqui tenho uma cópia para você. Ele apenas reproduz a frase completa em latim. Apenas isso. Mas o mais importante não é essa frase, mas a segunda, que se encontra em outro lugar.

— Seria onde está o tesouro? De onde vem essa frase?

— Calma. Escute. Aqueles homens pensam que conseguirão o tesouro. Mas estão muito longe, pois não sabem onde está escrita essa frase. Acredito até que nem mesmo sabem da existência dessa frase. Mas isso é uma suposição. Não temos acesso aos avanços deles, só observamos o que fazem e agimos com contrainformação

— Certo, e onde ela está escrita? — insistiu o professor.

— Num lugar seguro, garanto-lhe. O importante é saber quem a escreveu e saberá onde ela está.

Silêncio. Seria possível descobrir quem está por trás do desaparecimento do tesouro? Quem seriam seus guardiões? Seus objetivos? Sua identidade? Até agora nada fez sentido para João Pedro.

— Então me diga. Quem escreveu?

— Apenas escute. Através da história, sempre existiu lendas sobre buscas.

— Buscas? Que tipo de busca é essa? — e João Pedro tentou se virar.

— Não se vire! Lenda ou não, a busca por algo tem sido uma das maiores ações da humanidade. Através dos tempos a humanidade busca respostas para algo que a aflige."

— Continuo sem entender nada!

— Deixe-me seguir uma linha de raciocínio, por favor. Realmente a história real é bastante diferente do que se é contado nos livros. São dúvidas que, para serem respondidas, requerem aprimoramento humano e desenvolvimento, sem os quais, torna-se impossível obter tais respostas.

Novo silêncio. Desta vez, no entanto, professor Álvares preferiu esperar que aquele homem misterioso continuasse sua história. "Devo estar me acostumando com isso..." — pensou. "Pessoas estranhas, que passam informações confidenciais, objetivando alguma coisa. O que mais pode me acontecer?"

— Primeiramente, tentarei explicar quem somos. Surgimos há muito tempo atrás, com o objetivo de preservar aquilo que Akhenaton chamou de tesouro e que a humanidade somente poderia ter acesso, quando estivesse suficientemente preparada. Além de preservá-lo, este grupo deveria zelar por ele...

— E que grupo é esse? Qual o nome desse grupo? — interrompeu o professor.

— Não há um nome específico. Nunca houve. O que somos é um grupo de pessoas que, através dos tempos, tem zelado e protegido esse tesouro, até que a humanidade possa ter acesso a ele com o objetivo de construir uma sociedade melhor. Enquanto isso não ocorrer, ficará oculto. Entende?

— Não. É evidente que não — impacientou-se João Pedro. — Nada do que diz faz sentido. Como zelam e protegem esse tesouro? Ocultando? E como podem determinar quando é o momento para se divulgar a existência desse tesouro de Akhenaton? Isso é arbitrariedade!

— Bom, zelamos pelo tesouro mantendo-o e preservando-o da ganância. Muito das tradições, muito das culturas, das lendas, falam da busca desse tesouro. E muitas dessas lendas falam do que esse grupo criado por Akhenaton fez através dos tempos. Acredite, algumas dessas histórias são verdadeiras.

— Estou cada vez mais sem entender... Como podem ter certeza de que ainda não é o momento de expor esse tesouro? Se sabem que será útil à humanidade, por que não expô-lo? E pior, ainda não entendi o que tenho a ver com isso tudo. Sou apenas um professor universitário que se viu envolvido nessa trama por causa de dois alunos.

— Aguarde, e verá. Algumas de suas perguntas ainda não serão respondidas. Ainda não é o momento. Mas saiba que o tesouro de Akhenaton é de valor incalculável e que a humanidade poderia criar situações mais tensas que as já vividas atualmente.

Por isso que o zelamos e o protegemos, para se evitar essa perda. Um dia, quando a humanidade vencer esses aspectos egoísticos, o tesouro será revertido para seu principal objetivo, a evolução da humanidade.

— Mas o que é esse famoso tesouro de Akhenaton? O que significa valor incalculável?

— É muito mais do que possa imaginar. O valor dele é incalculável pela importância que ele terá na evolução da humanidade.

— Continue.

— Pois bem, através da história, esse grupo tem se encarregado dessa missão, de preservar o tesouro de Akhenaton, até o momento que a humanidade possa utilizá-lo para o progresso da civilização.

— E quando será?

— Quando a humanidade vencer o egoísmo.

— E se isso não acontecer?

— Acontecerá, professor, acredite. Mas enquanto isso não ocorrer, o tesouro ficará preservado, oculto.

— Certo, não entendo o que diz, e não insistirei. Então, como surgiu esse grupo?

— Esse grupo surgiu com Akhenaton. O Faraó incumbiu alguns de seus seguidores de protegerem o seu tesouro...

— Entendo, o tesouro de Akhenaton era extremamente valioso e ele não queria que caísse nas mãos de seus inimigos...

— Como eu disse antes, professor, o tesouro é extremamente valioso e não é só riqueza material, mas mais que isso. Há muito ali que irá ajudar a humanidade na sua evolução. Mas se for utilizado enquanto houver egoísmo, será prejudicial.

— E é isso que os neonazistas querem? Utilizar o tesouro para gerar mais confusão e tomar o poder? — perguntou João Pedro virando-se para olhar o interlocutor.

— Eu havia pedido para não virar... Mas tudo bem, não tem problema. Continuando, como já foi falado ao senhor, esses neonazistas querem o dinheiro para construir um exército poderoso, mas também há aqueles que acreditam haver mais no tesouro do que riqueza material. Se fosse só o dinheiro, eu garanto, eles têm. Mas não é só isso. Querem ter acesso a todas as ferramentas que possam aumentar seu poder.

— E que tipo de ferramenta é essa? Que tipo de poder?

— Através dos tempos, fica evidente a influência do poder econômico-militar de um povo sobre outro. No entanto, para se conseguir isso, ter acesso ao poderio militar, é necessário conhecimento. O mesmo se diga do econômico e do político. Em última instância, o conhecimento é o que proporciona as demais formas de manifestação de poder.

— Então afirma que há algo além de riqueza material naquele tesouro? Em outras palavras, conhecimento? E que tipo de conhecimento é esse?

— Em nenhum momento falei que não há mais do que riqueza material. Nem afirmei que incalculável seja, necessariamente, ouro, prata e pedras preciosas. Mas também não disse o que há além dessa quantidade incalculável de riqueza material.

— Ainda continua difícil de entender, mas continue.

— Vamos aprofundar um pouco mais. Akhenaton sabia que os sacerdotes de Tebas não queriam o monoteísmo. Sabia que, com sua morte, seria muito improvável a continuidade do monoteísmo no Egito antigo. Sabia também que seu tesouro seria saqueado e mais ainda, o conhecimento constante na religião implantada por ele seria destruído. Por isso, criou um grupo de fiéis seguidores para que preservassem tudo o que ele chamou de tesouro, e essa missão iria se prolongar através de gerações, até quando a humanidade estivesse preparada para receber aquele tesouro com a única missão de ajudá-la em sua evolução. Basicamente, essa foi a ordem de Akhenaton. Assim, pouco antes de sua morte, seu tesouro foi ocultamente retirado de Akhetaton e escondido. Quando a cidade foi destruída, os sacerdotes de Tebas queriam não só a restauração do politeísmo, que lhes dava o poder temporal e religioso, mas também todo o tesouro do Faraó. Mas imagine qual foi a reação deles ao descobrirem que não havia nenhum tesouro... — e riu o misterioso homem.

João Pedro percebeu que estava diante de uma revelação importante. No entanto, lembrava-se de que sua família e seus amigos o estavam esperando na Praça São Pedro.

— Senhor, eu não sei o seu nome, mas minha família e meus amigos me esperam na praça...

— Sim, é verdade! — o misterioso chamou aquele suposto padre: — Vá falar com a família do professor Álvares. Diga que está bem e que em breve irão se encontrar. Se for possível dê-lhes explicações sobre o Vaticano.

E o padre que o trouxera até ali se afastou.

— Um guia torna o passeio muito mais interessante, não é certo, professor?

— Sim...- balbuciou João Pedro, já aguardando mais revelações.

— Pois bem, voltemos ao ponto central, o grupo de Akhenaton.

Mas o professor Álvares não parecia estar muito tranquilo. Sabia que na Praça São Pedro estava também um dos neonazistas.

— Só mais uma coisa, senhor, quando chegamos à praça havia um neonazista próximo ao obelisco...

— Não se preocupe com ele. Nós também observamos as descobertas deles. Aliás, respondendo à sua pergunta, quem o ajudou em Jerusalém faz parte deste grupo que visa proteger o tesouro. E há outros com a gente, que o senhor jamais imaginaria.

— Outra pergunta: se sabem tanto, por que não evitam vocês mesmos que os neonazistas tomem o tesouro? Por que precisam de mim e de minha família? Estão nos usando?

— Não, não pense que estamos usando vocês. Não faríamos isso. Acredite que, se fosse possível contatar as autoridades, já teríamos feito. Isso já lhe foi exposto. Esses neonazistas são poderosos e ainda não temos nenhuma prova contra eles. Apenas sabemos da ideologia deles e estamos agindo para impedi-los.

— Mas por que nós?

— Não se subestime, professor. Talvez ao fim das pesquisas tenham as respostas que procura tanto o senhor quanto o seu grupo. Saiba que não estão sozinhos. Os dois pesquisadores que estão com o senhor, Ali Aleck e Shang Lee fizeram grandes descobertas.

João Pedro notou que realmente aquele misterioso sabia muito mais do que ele imaginava até mesmo o nome de seus orientados na Universidade. No entanto, não notaram que o tempo passava rapidamente e não tinham almoçado.

— Já passamos do horário do almoço. Venha! Vamos almoçar em algum lugar. Conheço uma cantina muito boa. O senhor irá gostar. — Chamou o misterioso homem.

Saíram. Enquanto andavam por entre as colunas que circundam o pátio do Vaticano, João Pedro notou que o neonazista não estava mais por lá.

Durante o almoço, nada mais falaram sobre quem seriam os guardiões do tesouro de Akhenaton. Por várias vezes, João Pedro tentou retomar o assunto, mas o interlocutor apenas se dedicava a apreciar e elogiar a parta italiana. Cada região tem o seu tipo próprio, seu modo de temperar. Admirava a variedade cultura italiana e dizia que era, sem dúvida, um dos prazeres da vida poder saborear culinária tão rica, como a italiana.

Terminaram o almoço sem nenhum novo esclarecimento, o que deixou João Pedro contrariado. Ao saírem da cantina, encontraram com o padre que os apresentara de manhã, que dirigiu poucas palavras ao companheiro, sem que o professor português entendesse alguma delas.

— Professor Álvares, sua companhia foi uma honra. Não se preocupe com sua família e com seus amigos. Eles estavam em muito boa companhia pelas ruas de Roma. Acredito que tenham apreciado o passeio, sobretudo por poder ver os monumentos e as ruínas com outros olhos, após algumas explicações. Em relação ao professor Luca di Biasi, não se preocupe com ele. Nós o avisamos que não poderiam ir à biblioteca hoje, nem amanhã.

— Como assim, não amanhã?

— Isso mesmo. Amanhã, nos encontraremos no seu hotel. Precisamos continuar nossa conversa de hoje. Tenho de lhe explicar quem é o grupo de Akhenaton.

João Pedro não acreditava no que ouvia. Além de tudo, seus passos agora seriam determinados por quem nem conhece ou sequer sabe o nome.

— Não se preocupe. O que irei lhe dizer, irá mudar seu conceito. Só mais uma coisa. Iremos conversar somente nós. Se quiser, meu amigo aqui, o padre, poderá acompanhar sua família e seus amigos pelas ruas de Roma, como hoje. Até amanhã.

E aqueles homens misteriosos se afastaram. Não restava alternativas a não ser voltar ao hotel.

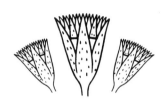

CAPÍTULO XXII

— O que aconteceu? — perguntou Sofia. — O dia todo ficamos rodando pela cidade. Passeio interessante, sim, mas onde estava você?

— Sinceramente, ainda não consegui entender nada. Fui levado à basílica e lá encontrei com um senhor que não revelou seu nome. Começou a contar coisas sobre nossa pesquisa e disse que amanhã irá me revelar quem guarda o tesouro de Akhenaton.

— Amanhã? — insistiu Sofia.

— Sim, amanhã. Ele disse que irá me dizer amanhã. Assim, não iremos à biblioteca do Vaticano.

— Mas espere, professor. É lá que iremos encontrar aquele manuscrito. Não podemos perder tempo.- Argumentou Ali Aleck.

— Não sei bem. Aqui está uma cópia dele. — E todos pegaram, um a um, para ver o documento. — Como vêem, não há nada nele, além da frase escrita em latim, como disse Ludwig Von Schutze.

— Certo, professor, mas o que disse esse homem? — perguntou Shang Lee.

— Ele disse as mesmas coisas que não fazem sentido, como que o tesouro tem um valor incalculável, que a humanidade não está preparada para ele, que deve ser preservado até que a humanidade deixe de ser egoísta...

— Como assim, deixe de ser egoísta? — interrompeu Luís Augusto.

— Isso mesmo que ouviu, deixe de ser egoísta. Ele alega que, se a humanidade tiver acesso àquele tesouro, irá usá-lo para se autodestruir. Por isso, devem esperar até que a humanidade deixe de ser egoísta para só depois revelar esse tesouro."

— E se isso não acontecer? — insistiu Luís Augusto.

— Aí não revelam.

— Mas não faz sentido algum. — falou Sofia.

— É muita arbitrariedade. — Completou Luís Augusto.

— Professor, é o mesmo que o outro em Jerusalém havia dito. — Comentou Ali Kazan.

— Sim, Kazan, é exatamente isso. E por mais que perguntasse sobre o que é o tesouro, nada foi revelado. Apenas que no momento certo saberemos. E quando insistia que agiam com arbitrariedade, julgando eles próprios o momento certo para divulgar algo que poderia ajudar a humanidade, ele disse que era uma ordem de Akhenaton.

"O tesouro de Akhenaton está guardado por causa de uma ordem do próprio Faraó?", perguntou Luis Augusto.

— Sim.

— Então, professor, significa que quem guarda o tesouro é um grupo que através de gerações vem seguindo uma ordem direta do Faraó? — indagou Ali Kazan.

— Sim, foi isso que entendi.

— Então... — começou a dizer Ali Kazan.

— Professor, entendi onde Ali Kazan quer chegar. Afirmam que quem escreveu essa frase em Akhetaton, em Jerusalém e aqui em Roma foi o mesmo grupo, através dos tempos.- Interrompeu Shang Lee.

— Deve ser mais do que isso. — Acrescentou Ali Aleck.

— Eles passaram por três cidades muito importantes na política de suas respectivas épocas, mas também importantes para suas religiões.

— Não entendi o que quis dizer.- Falou Sofia.

— Significa que esse tesouro pode ser mais que ouro ou prata. -Falou Ali Aleck.

— Até aí não há novidade. Isso eles já falaram antes e falam agora. Disse Luís Augusto.

— Certo, Luis, mas imagine que não podemos desconsiderar esse fator. Pode ser que nos leve ao resultado desse enigma. -Respondeu Ali Aleck.

— Isso é certo. Não podemos desconsiderar nenhuma hipótese. Então amanhã irei com aquele homem para entender quem são.

— Professor Álvares, temos de lembrar que muito provavelmente esse homem e aquele que ajudou ao senhor em Jerusalém façam parte do grupo incumbido de proteger o tesouro. Pode ser que queiram nos afastar. — Falou Ali Kazan.

— Não acredito nisso. Pois senão, não teria dito que esta outra frase — apontando ao bilhete recebido no dia anterior — está escrita em outro lugar.

— Em que lugar? — perguntou Sofia.

— Ainda não sei, mas ele disse que irei descobrir.

— E não estarão nos usando? — insistiu a esposa.

— Já considerei isso, mas dizem que não precisam de nós. Pelo menos até agora, eles têm nos ajudado.

— Até agora não sabemos onde, pois quando os dois foram sequestrados não fizeram nada a não ser nos encher de enigmas. Quando fomos presos na galeria próxima às pirâmides também não nos ajudaram. Não sei onde estão nos ajudando. Está parecendo que precisam de nós para impedirmos os neonazistas. — Falou Sofia.

Realmente aquela impressão era real. Até aquele momento ninguém os havia ajudado. Tinham passado por várias privações e tiveram sua vida arriscada sem que fossem auxiliados. Apenas uns homens misteriosos que passavam informações enigmáticas sem qualquer sentido. Corriam perigo? Sentiam que sim, mas eram impelidos a continuar sua cruzada contra o neonazismo.

Já era noite avançada. Esperaram pelo jantar e conversaram um pouco mais. Dormiram. Mas para João Pedro era mais uma noite de expectativa.

Logo cedo, após o café da manhã, ficaram no hotel. Conforme o combinado, aqueles dois estranhos iriam ao hotel para apanhá-los. Enquanto João Pedro seguiria com um deles para novas descobertas, os demais fariam outro giro turístico por Roma. Pelo menos disso não poderiam reclamar.

No meio da manhã, com efeito, os dois homens, vestidos de padres, entraram no hotel. Enquanto o primeiro foi mais expansivo, o segundo, aquele que acompanharia o grupo pelas ruas de Roma, mostrava-se mais lacônico. Após breve cumprimento, saíram.

— Seu grupo é bastante curioso, professor. Um oriental, dois egípcios, sua família.

— O oriental, é português, originado de Macau. Já os dois egípcios, são pai e filho. O pai, Ali Kazan, me ajudou muito em minhas pesquisas no Egito, há muito tempo atrás. Seu filho, Ali Aleck, gostou dos meus estudos e decidiu ele também ser um egiptólogo. Ali Kazan diz que eu o influenciei. Prefiro não pensar assim. Prefiro pensar que, durante sua especialização pude orientá-lo. É muito forte dizer que influenciamos alguém no seu projeto de vida.

— Mas estaria errado? Ora, influenciou sim. Exerceu uma boa influência. Serviu de exemplo para ele, que admirava seu trabalho.

— Preferiria ter influenciado meu filho, mas minha constante dedicação às pesquisas fez com que ele procurasse outro caminho, a engenharia.

— E do que reclama? Seu filho também decidiu estudar, buscar um caminho, o seu próprio caminho. Não se arrependa disso. Veja o que construiu, uma família que está unida, até mesmo nesta "busca ao tesouro", só vejo boas coisas.

— Tivemos e temos alguns conflitos...

— Todos têm. Não se preocupe com isso. As pessoas pensam diferente, agem diferente, tem gostos diferentes. É natural o conflito. Deixe seu filho seguir o caminho dele, e deixe-se servir de exemplo no que faz de melhor. Não há demérito nisso.

Após um certo tempo de silêncio, o misterioso, com quem João Pedro já começava a se acostumar, como tinha ocorrido em Jerusalém, falou:

— Vou levá-lo às ruínas do Fórum Romano, onde se encontra também o templo de Saturno. O que restou dele.

Ao chegarem às ruínas, João Pedro pôde notar não só as ruínas, como também a grande diversidade arquitetônica do local. Pôde observar, além das ruínas, a igreja Santi Luca e Martina. Sem dúvida, aquela era uma área que demonstrava a importância que tivera no período romano. Segundo os historiadores, ali funcionava o principal centro comercial da capital do império romano.

— Gosto daqui. É capaz de mostrar a transitoriedade das paixões humanas, o comércio, mas é capaz de mostrar a genialidade do ser humano, através das construções que se perpetuaram. Sítios arqueológicos causam-me essa sensação. — Falou o padre.

— Eu também sempre gostei de fazer pesquisa de campo, poder desvendar o que os antigos viviam, pensavam, faziam. No fundo, as angústias do ser humano se renovam de geração em geração.- Falou o professor.

— Sim, isso é verdade. A busca pelo tesouro de Akhenaton mostra isso mesmo. Geração após geração, há quem busque o tesouro. Mas o mais interessante é que essa busca serve apenas para satisfazer interesses pessoais. Até quando isso acontecerá? Quando o ser humano deixará de pensar em si próprio e verá que todos são iguais? Aí o tesouro se revelará em todo o seu esplendor. Enquanto isso não ocorrer, o tesouro ficará oculto.

— Então, padre, posso chamá-lo assim?

— Sinta-se à vontade.

— O que a minha família fará hoje? Onde seu amigo irá levá-la?

— Não se preocupe, Roma é a Cidade Eterna. Terão o que ver.

— Certo, padre, voltemos ao assunto de ontem."

— Sim, o papel do grupo de Akhenaton.

— Exatamente.

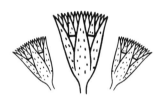

CAPÍTULO XXIII

▬ Pois bem, Akhenaton designou aquele grupo que ocultasse todo o seu tesouro, até que a humanidade estivesse suficientemente preparada para utilizar-se desse tesouro para a construção de uma sociedade melhor. A ordem expressa era que deveriam, através de gerações, proteger esse tesouro. Se preciso fosse, deveriam transportá-lo para outro lugar seguro, caso o tesouro estivesse ameaçado.

— E isso ocorreu, evidentemente.

— Sim, ocorreu. E não foi uma vez só. E não poderia ser diferente, esse grupo existe há mais de 3.300 anos. É muito tempo! E esse grupo trabalhou bem. Mas retornando. Uma das ordens de

Akhenaton foi que poderiam ser recrutadas outras pessoas além de nossos descendentes. Para isso, traçou alguns requisitos.

— Que requisitos?

— É extenso. Mas o fato é que, para fazer parte, seriam necessários vários procedimentos que o grupo deveria observar. Posso dizer que através dos tempos esse papel foi cumprido integralmente. Não havia falhas nem poderia haver. Mas para se chegar ao conhecimento de onde estaria o tesouro levava-se tempo. Muito tempo. Os que eram convidados a protegê-lo tinham de se preparar bastante e eram testados várias vezes.

— Seria um treinamento militar, padre?

— Não necessariamente. Muito embora tenha ocorrido isso em determinados momentos históricos.

— Pode especificar melhor?

— Chegaremos lá. Pois bem, após levarem o tesouro embora de Akhetaton e a morte do Faraó Akhenaton, os sacerdotes de Tebas saíram numa caçada pelo tesouro. Queriam a todo custo tomar posse dele.

— Mas não conseguiram?

— Não, professor, não conseguiram. O tesouro ficou muito bem protegido no próprio Egito. Mas os sacerdotes não desistiram e secretamente procuravam por ele. Muitos foram perseguidos por isso, não menos foram mortos. Mas o mais importante, era que o grupo de Akhenaton conseguia manter seu objetivo de preservar o tesouro. O tempo passava, e parece que os sacerdotes de Tebas haviam desistido. Parecia que o tesouro havia se tornado uma lenda e que ninguém iria atrás dele. Estavam enganados. Havia sim quem o queria, até que a situação no Egito ficou complicada. Decidiram por levá-lo a outro lugar.

— E aonde foi?

— Prefiro não dizer para onde foi. O grupo era grande e, para maior segurança, decidiram por deixar alguns sinais para que os demais do grupo pudessem identificar onde poderia estar o tesouro.

— Seriam as frases achadas em Akhetaton, Jerusalém e Roma?

Akhetaton, não, pois, era uma frase que Akhenaton dizia. Mas nas outras cidades, sim. Era uma forma de guardarmos nossa missão. Somente os membros do grupo saberiam o significado."

— Então o tesouro esteve em Jerusalém e em Roma?

— Como eu disse antes, não necessariamente estavam nessas cidades. Mas eram indicativos importantes. A segurança do tesouro era bastante eficaz. Uma rede eficiente de comunicação fazia com que soubéssemos sempre que alguém se aproximava dele. Tudo estava bem. O tempo passou e o grupo, seguindo as determinações de Akhenaton, se renovava de geração em geração. O tesouro somente era transferido quando houvesse extrema necessidade.

— Continue.

— Até que, milênios depois, houve uma revolução religiosa no Oriente Médio.

— O Islã.

— Conheço a história.

— Sim, é verdade, ainda mais que essa dominação chegou ao seu país, Portugal. O que é determinante para nossa mudança de atitude, foi que a lenda do tesouro atraiu novos aventureiros. Havia ali, na região do Egito, quem desejasse encontrar o tesouro de Akhenaton. Só que dessa vez era um sultão, influenciado por lendas contadas desde a época dos antigos sacerdotes de Tebas, quem estaria atrás do tesouro. Tentaram evitar que ele chegasse à preciosidade. Mas viram que seu poder e sua influência cresciam demasiadamente. O tesouro estava ameaçado. Era questão de tempo para que atingisse seu objetivo.

— E como foi feito?

— Até aquele momento, os discípulos de Akhenaton haviam se mantido distantes de disputas político-religiosas. Mas tiveram de mudar de atitude.

— E mudaram? O que aconteceu?

— Bom, neste ponto quero fazer um aparte. O que o senhor sabe sobre o significado da cruz, professor Álvares?

— Significado da cruz... Ora, a cruz é, atualmente, o símbolo adotado pelo cristianismo, em razão da pena imposta a Jesus Cristo. A origem da cruz é muito mais antiga. O império romano, por exemplo, adotava a execução pela crucificação como uma pena imposta àqueles que cometessem os piores crimes, qual seja, fossem contrários ao império. Apesar disso, a cruz, ao contrário do que muitos pensam, aparece em muitas culturas antes do cristianismo, e mesmo após ele, foi utilizada por algumas culturas. Ocorre que, em razão do crescimento do cristianismo, a cruz passou a ser sinônima dessa religião.

— Então o senhor sabe que há referência a esse símbolo em outras religiões.

— Sim, é evidente, padre. No Egito antigo, por exemplo, um símbolo muito encontrado na litografia egípcia é a cruz ansata, que substitui a haste superior por um laço. Muitos a chamam de cruz da vida. E a cruz se encontra também no Budismo, em diversas civilizações pré-colombianas, na Babilônia, na China e em tantas outras culturas que não cabe aqui citá-las todas.

— Exato, professor, então o senhor sabe que, apesar de ser adotada hoje como símbolo cristão, não necessariamente esteve a cruz ligada a essa religião sempre. Se hoje seu significado está atrelado ao cristianismo, em razão da paixão de Cristo nem sempre foi assim.

— Sim, de fato. Na verdade, o primeiro símbolo do cristianismo não era a cruz, mas sim o peixe. Mas por que dessa pergunta?

— Pois bem, professor, a pergunta foi para ter certeza de que o senhor sabe o que a cruz representa e que nem todos os grupos que a adotaram eram necessariamente cristãos.

— Certo, continue.

— Com a perigosa aproximação do sultão do tesouro, tínhamos de achar um meio de recuperá-lo e deixá-lo a salvo. O grupo de Akhenaton tinha certo número de seguidores. Alguns até com boa formação militar, mas sozinhos não poderiam enfrentar o exército do sultão. Então tiveram uma ideia. Como os cristãos da Europa queriam recuperar a Terra Santa e a guerra era inevitável, o grupo de Akhenaton aliou-se aos cristãos para entrar no Oriente Médio e de lá transportar o tesouro para a Europa, para preservá-lo das investidas do sultão.

— Não conheço nada sobre esse assunto.

— Conhece, sim, professor. Esse grupo, se autointitulou Ordem dos Pobres Cavaleiros de Cristo e do Templo de Salomão.

Fez-se silêncio. João Pedro tentava assimilar a revelação que lhe fora transmitida..

— Como? Desculpe, não entendi. O senhor está dizendo que os Cavaleiros Templários seriam o mesmo grupo que Akhenaton, 2.300 anos antes, havia criado para proteger o seu tesouro? Não é um pouco fantasiosa essa história?

— Eu havia alertado, professor, que há muitas lacunas nos livros de história. Há muito que não se conta, que se encontra oculto, mas que realmente aconteceu.

— Padre, sou historiador. Confesso que minha área de especialização é o Egito Antigo, mas conheço um pouco da Ordem do Templo. Os Cavaleiros Templários, bem como outras ordens da Idade Média, tinham alguns objetivos, como a caridade com os cristãos que peregrinavam pelo Oriente Médio, consistente na hospedagem e assistência médica e religiosa, defesa das conquistas cristãs no Oriente Médio, dentre outras.

— Exato! Tudo isso foi prestado com grande esmero. No entanto, observe o seguinte, apesar do voto de pobreza de seus membros, a Ordem Templária ganhou prestígio e poder de forma extremamente rápida. Não acha tudo isso estranho?

— Não, não vejo problemas nisso. Os templários, como as outras ordens, eram excelentes guerreiros e protegiam muito bem as terras conquistadas no Oriente Médio. O povo cristão da Europa, em reconhecimento da obra deles, dava-lhes terra. Além disso, por prestar obediência apenas ao Papa, o prestígio da ordem só crescia.

— Em tudo o que diz está correto, professor. Mas vejamos uma coisa. Por que, em determinado momento, os Templários deixam de dar atenção ao Oriente Médio e se voltam para a Europa?

— Ora, talvez por que não conseguiram frear os ataques dos maometanos. Lembre-se, padre, de que a única forma, de se obter suprimentos, era pela via marítima, e ainda assim, bastante dispendiosa, até mesmo pelos ataques que sofriam dos guerreiros da Lua crescente. Já os maometanos dominavam terras ao redor dos reinos latinos do Oriente Médio. Dessa forma, era mais fácil para os maometanos terem os suprimentos necessários para a manutenção de um exército ou mesmo empreender uma guerra.

— Tudo o que diz, professor, é correto. Nada disso pode ser contestado, pois são fatos que realmente aconteceram e contribuíram para o declínio dos reinos latinos no Oriente Médio. Mas vamos aprofundar um pouco mais. Após a adoção do cristianismo pelo Império Romano, Roma, a capital, tornou-se também a sede da Igreja Cristã, até então não dividida oficialmente. A região onde Cristo vivera tornava-se terra de peregrinação, mas não era mais o centro das decisões. As decisões eram todas centradas em Roma, como até hoje acontece com a Igreja Católica. Em outras palavras, para os cristãos, cidades como Jerusalém e Belém ou o rio Jordão serviam de locais de peregrinação. Quando os maometanos tomaram essa região, não houve intolerância aos cristãos. Ao contrário, os maometanos toleravam a presença desse grupo religioso.

— Sim, é certo, mas após a primeira cruzada...

— Após a primeira cruzada isso muda evidentemente. Mas preste atenção ao seguinte, a desordem reinante na Europa foi o estopim para o surgimento das cruzadas. De fato, o envio de soldados às cruzadas era um meio de refrear a violência crescente, bem como tirar da população menos abastada as preocupações cotidianas. A Idade Média é marcada por inúmeras desordens na Europa, disputas constantes entre feudos, enfim, uma anarquia. Para as lideranças da época o aparecimento dos maometanos era o ponto necessário, para canalizar toda aquela confusão para um único objetivo. Agora havia um inimigo externo, os maometanos, que deveriam ser combatidos a todo custo.

— Sim, eu sei. Essa história se repete sempre. A classe dominante se aproveita de algum fator, ou pior, cria um, só para desviar a atenção da população do real problema. A economia vai mal, surge uma guerra; há problemas crônicos na administração e aparece um objeto de distração.

— Percebe? Essa história se repete, não muda. Enquanto houver necessidade de se manipular para se perpetuar no poder, essa história irá se repetir. Mas retornemos ao ponto central. O caos reinante na Europa não só propiciou o aparecimento das cruzadas, como também foi uma ferramenta para que o grupo de Akhenaton tivesse apoio do clero, da nobreza e da população para sua incursão no Oriente Médio. Sob o símbolo da cruz, poderiam agir livremente no seu real objetivo, qual seja, retirar o tesouro de Akhenaton do Oriente Médio.

— Hum. Adotando-se essa teoria como verdade, explique-me algo, padre. Onde ficaria a fé dos Templários? Os documentos e as pesquisas apontam que eram fervorosos cristãos...

— Mas no fim, ao serem perseguidos, foram chamados de hereges e adoradores do demônio...

— E a cruz?

— A cruz foi um símbolo, adotado por eles, típico para a época, mas que, conforme o senhor já notou, não era necessariamente o símbolo cristão. No entanto, frise-se, os Templários sempre respeitaram a figura central do cristianismo, Jesus Cristo.

— Sim, isso é verdade. Mas nada faz sentido. E a cruz?

— O que não faz sentido, professor? Os Templários tinham um objetivo, tirar o tesouro de Akhenaton do Oriente Médio e transportá-lo para um lugar seguro. Tinham, evidentemente, de fazer essa transferência de forma oculta, sem despertar atenção. Além disso, tinham de justificar sua presença na região. E, como disse, faziam isso muito bem, tanto na esfera militar, quanto na seara assistencial.

— Eram cristãos? Pelo que diz, seguiam Akhenaton, uma religião diferente.

— A religião não tem a ver com o objetivo do grupo. Poderiam ter a crença que quisessem, isso não interferiria. O importante era estarem esclarecidos da missão do grupo, proteger o tesouro. Mas repito, os Templários tinham grande respeito à obra de Jesus Cristo.

— Pelo que entendi, poderia haver não cristão entre os Templários, certo?

— É possível, mas não há nada que comprove isso. Mesmo porque, a religião predominante na Europa era o cristianismo.

— E todos os Templários sabiam da localização do tesouro?

— Não, de forma alguma. A Ordem dos Cavaleiros de Cristo tomou, naquela época, uma dimensão muito grande, até para tomar as medidas necessárias para seu objetivo. Assim, era necessário que crescessem dentro da Ordem. Só os mais graduados sabiam a real missão da Ordem dos Pobres Cavaleiros de Cristo e do Templo de Salomão. Os demais cumpriam ordens e, paulatinamente, iam sendo colocados alguns dos elementos passados por Akhenaton. Para se chegar, ao ponto de se conhecer a importância do tesouro de Akhenaton, levava-se bastante tempo. Era um caminho árduo, de muita dedicação."

— Cobaias?

— Eu não diria isso. No entanto, os exércitos não fizeram e fazem isso? De qualquer forma, era possível a todos atingirem os graus mais elevados e descobrirem mais sobre a real missão da Ordem.

— Realmente é difícil de acreditar em tudo isso. É tudo muito fantástico, irreal até. Os Templários ligados a um objetivo oculto... E a igreja nada sabia?

— Não há informações sobre isso. No entanto, se soubessem, seguramente, iriam atrás daquele tesouro. Se não o fizeram, é porque não sabiam. Ou se soubessem de algo, não levaram a sério.

— E onde foi parar o tesouro?

— Bom, isso permanece em segredo.

— Que evidentemente o senhor sabe, certo padre? Pois bem, deixe-me ver se entendi. Os seguidores de Akhenaton precisavam entrar no Oriente Médio, retirar o tesouro de lá de forma oculta e transportá-lo para algum lugar seguro. Para isso, aproveitaram-se da situação fragilizada da Europa e influenciaram o Papa a empreender uma guerra santa, as cruzadas, para recuperar o Oriente Médio.

— Basicamente, é isso. Tecnicamente, não influenciaram o Papa nem nenhum monarca, mas aproveitaram a situação para empreender sua missão.

— Após transportarem todo o tesouro, e muito banho de sangue de ambos os lados, os Templários começam a se desinteressar pela Terra Santa e se voltam a outros negócios mais lucrativos na Europa. Como a operação bancária ou a exploração de terras.

— Certo, professor. Contando a história superficialmente, é isso o que aconteceu.

— Diga-me uma coisa, padre, se os Templários tinham tamanho poder, de conseguirem até se subordinarem diretamente ao Papa, se tinham poderio militar e econômico, capazes até de influenciarem diversos reinos, se tinham ainda mais um tesouro fabuloso oculto, por que sucumbiram? Por que foram perseguidos na própria Europa, depois de tanto defender os interesses cristãos no Oriente Médio? E por que o Papa autorizou?

— Isso, professor, é um dos mistérios que o senhor terá de desvendar para encontrar o tesouro. — E o padre sorriu. — Partamos. Está tarde, provavelmente sua família o aguarda.

— Mas...

Não houve espaço para mais perguntas, o padre se levantou, sorriu para João Pedro e fez sinal com as mãos dizendo que haviam encerrado naquele dia.

— Amanhã nos encontraremos, padre?

— Não se preocupe com isso. Apenas analise os elementos que possui e saberá o que fazer.

— Só mais uma coisa. Por que precisam de nós?

— E quem falou que precisamos? Aproveite para analisar o que ouviu hoje. Talvez haja uma porta aberta para o tesouro. — E o padre se virou e se afastou sorrindo.

João Pedro ficou um tempo parado observando as ruínas do Fórum Romano. Depois cheio de dúvidas, dirigiu-se ao hotel.

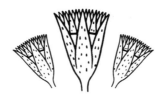

CAPÍTULO XXIV

— Então, como foi seu encontro misterioso? — perguntou Sofia.

— Se quer saber se sei onde está o tesouro, está muito enganada.

— E o que aconteceu? — insistiu Luís Augusto.

— Quando pensamos que estamos perto, surge um fato novo.

— Que fato novo? — perguntou Sofia.

— Pois bem, não vão acreditar no que o padre me disse.

Fez-se silêncio enquanto jantavam. O breve momento de silêncio do professor João Pedro impacientou os demais e aumentou a expectativa do que tinha para dizer.

— Diga, pai, o que aconteceu?

— Eu realmente não sei por onde começar, pois é totalmente extraordinário, fora da imaginação.

Outro breve silêncio enquanto comia.

— Pois bem — continuou o professor. — O padre me disse que Akhenaton sabia que seu tesouro era procurado e, temendo que o usassem para manipular a população e aumentar o poder e uns sobre os outros, designou um grupo para que zelasse por ele.

— Sim, isso já sabemos. — Falou Ali Kazan.

— O que não sabem é que esse grupo tem agido através dos tempos.

— Ora, isso já foi falado também. — Acrescentou Sofia.

— Sim, é certo. Porém, prestem bem, atenção ao que vou dizer. O padre afirmou, categoricamente, que o grupo de Akhenaton e os cavaleiros Templários são o mesmo grupo. 2.300 anos depois, continuaram fiéis ao objetivo de proteção.

— Professor, podemos acrescentar mais 1.000 anos, pois até hoje protegem o tesouro de Akhenaton. — Argumentou Ali Aleck.

— Certo, isso é evidente. Mas prestem atenção ao que falei. Os Cavaleiros Templários são os incumbidos de proteger o tesouro de Akhenaton.

Parou para ver qual a reação de seus companheiros e continuou.

— Percebem o que isso significa?

— O que o senhor quer dizer é que , os templários ou aquele grupo de Akhenaton, como queira, se uniram à igreja contra os maometanos? — perguntou Shang Lee.

— Ou ainda, estaria a igreja ligada a esse grupo para guerrear contra os fiéis de Alá? — acrescentou Ali Aleck.

— Não, Ali, pelo que disse o padre, a igreja não sabia do papel da Ordem dos Pobres Cavaleiros de Cristo e do Templo de Salomão. Para a igreja católica, os templários seriam um grupo de valorosos guerreiros, que zelavam pelos peregrinos, protegiam as possessões cristãs na Terra Santa e faziam a caridade, evidentemente, somente aos cristãos.

— Sim, é certo. Mas... — foi interrompido por Shang Lee.

— Ocorre que, os seguidores de Akhenaton teriam se aproveitado da situação conturbada da Europa, para poderem proteger o tesouro que guardavam.

— Mas proteger de quem? — perguntou Ali Aleck.

— Disse o padre que após a dominação maometana no Oriente Médio, apareceu um sultão no Egito, que acreditou nas antigas lendas de um tesouro perdido do Faraó Akhenaton. Como o tesouro estaria, possivelmente, guardado em Israel, os guardiões de Akhenaton temiam que não pudessem protegê-lo. Assim, precisavam transportá-lo para um lugar seguro.

— A Europa. Por que a Europa? — afirmou Ali Aleck.

— Sim, Ali, a Europa, por uma única razão. Na Europa ninguém comentava sobre o tesouro nem buscava por as mãos nele. Se transportassem para qualquer região dominada pelos maometanos, certamente aquele sultão egípcio poderia ir atrás.

— Então as cruzadas foram algo premeditada por eles? -perguntou Shang Lee.

— Não exatamente. Os guardiões não seriam muitos capazes de entrarem na Terra Santa, lugar onde se fixaram e que possivelmente fosse a localização do tesouro e de lá transportá-lo sem que os maometanos percebessem. Assim, uniram-se às igrejas cristãs para reconquistar a Terra Santa.

— E conseguiram? — perguntou Sofia.

— Há razões para acreditarmos nisso. Primeiro, não há registro de que um sultão tenha conseguido um tesouro tão fabuloso assim e que estivesse escondido. Segundo, e o mais importante dos argumentos, após certo tempo de presença na Terra Santa, os agora templários passam a dar mais importância à Europa do que a Terra Santa. É como se o objeto de atenção deles não mais estivesse na região da Palestina, mas na Europa.

— Certo, professor. Mas isso é fácil de perceber, à medida que os templários conseguiam cada vez mais influência por causa da doação de terras que recebiam e de estarem subordinados diretamente ao Papa. — Argumentou Shang Lee.

— Professor Álvares. Para nós, muçulmanos, os templários e outras ordens religiosas cristãs não são vistas com muito bons olhos. É evidente que numa guerra sempre há arbitrariedades de todos os lados, mas durante a invasão cristã na Terra Santa, foram cometidas muitas atrocidades pelos cristãos, liderados pelas ordens religiosas. — comentou Ali Aleck.

— Está, certo, Ali. Nunca, em nenhuma guerra, haverá efetivamente um vencedor, mas sempre perdedores. Perde quem morreu, perde a família que viu um de seus membros sucumbir nas batalhas, perde quem trabalha, perde quem produz, as crianças perdem o direito à sua infância, os velhos ao seu repouso. Só ganha quem produz armas, pois para eles a vida humana não tem valor algum. No entanto, é preciso que todos entendamos que as cruzadas foram um momento histórico e que precisamos entender como formadores de nossa história. Como tudo aliás.

— Certo, professor Álvares, só quis mostrar um pouco da visão muçulmana sobre aquelas guerras.

— Para entender a história, precisamos observar com olhos isentos das paixões geradas pelos acontecimentos e analisarmos as consequencias nas variadas formas de se analisar. Nesse período, não é diferente. Em poucas palavras, são movimentos religiosos diversos que lutam pela hegemonia numa área, e a isso, pode-se incluir, não só o domínio territorial, mas também e principalmente o comércio ligado a essa terra. — Analisou João Pedro. — Ou pensam vocês que as cruzadas não tinham como objetivo possuir a rota do comércio com o Oriente? No fundo, o argumento de reconquistar a Terra Santa, válido para muitos, escondia o desejo econômico de nobres europeus. Mas voltemos ao assunto central de nossa conversa.

— Os templários. — Completou Luís Augusto.

— Exato. -Falou João Pedro.

— Pois bem, professor, precisamos entender o porquê dos seguidores de Akhenaton se unirem ao cristianismo para retirar o tesouro do Oriente Médio. — Falou Shang Lee.

— Isso eu já falei. Os seguidores de Akhenaton sabiam que havia um sultão em busca do tesouro. Como na Europa ninguém dava crédito a isso, precisavam tirar de seu esconderijo e levá-lo para um lugar seguro.

— A Europa. O que pressupõe que sejam todos cristãos. — Falou Ali Aleck.

— Segundo o padre, não. Não são todos cristãos, mas uma parte deles. Segundo me contou o padre nem todos eram cristãos, mas todos, sem exceção, eram ensinados a entender o significado do tesouro e a razão de protegê-lo até que a humanidade, na visão deles, estivesse preparada para conhecer esse tesouro. Assim, mesmo que alguns deles não fossem cristãos, a simples ameaça de um sultão que se aproximasse do tesouro, tornava necessária a mudança de seu esconderijo para um lugar seguro. — Falou João Pedro.

— E é aí que aparece a Europa. — Comentou novamente Ali Aleck.

— Sim, Ali, em parte, tem razão...

— Pai, pode explicar o que está acontecendo? Sabemos o que foram as cruzadas e que os Templários eram um grupo cristão que lutou contra os maometanos, mas é possível que o padre tenha razão?

— Por favor, expliquem melhor o que são as cruzadas. — Completou Ali Kazan.

— Certo, tem razão, vou explicar, em poucas palavras o que significam. As cruzadas foram um movimento militar cristão, daí o termo cruzada, referente à cruz, símbolo do cristianismo, que objetivava recuperar a Terra Santa dos sarracenos. Após Maomé ter unificado os povos do Oriente Médio numa nova religião, o Islamismo, seus seguidores passaram a expandir a fé através de conquistas territoriais. Ocorre que pelo caminho encontravam, em sua maioria, os cristãos. Após tomarem a Palestina e acossarem

Constantinopla, o patriarca da Igreja Ortodoxa pede auxílio ao Papa para enfrentar a ameaça muçulmana. Em 1095, o Papa Urbano II conclama os povos cristãos a enfrentar os infiéis. — Iniciou a explicação João Pedro.

— É curioso como esse termo, infiéis, é utilizado de ambos os lados. — Comentou Ali Aleck. — Para os muçulmanos também era um dos objetivos da manifestação de sua religiosidade, a conversão dos infiéis ao Islã.

— Pois bem, aí está, em poucas palavras, a origem das cruzadas. A partir daí, por aproximadamente trezentos anos, haverá inúmeros movimentos cristãos e muçulmanos, de conquista e reconquista, período em que diversos reinos cristãos se unirão para combater os sarracenos, seja na Europa, como foi a reconquista da Península Ibérica, seja, e principalmente, na luta pelo domínio da Terra Santa. Na Península Ibérica, os cristãos saem vitoriosos, mas no Oriente Médio saem derrotados. — Falou o professor.

— É interessante notar que a região da Palestina, na época, era um importante entreposto comercial entre as especiarias vindas da Ásia, em especial da Índia, para a Europa. Nas mãos dos maometanos, estes controlariam todo o comércio que se dirigia à Europa que já se achava enfraquecida pelas invasões bárbaras após o fim do Império Romano. O caos predominava na Europa, com a população reclusa em feudos, pobre, inculta, subserviente e dominada pelo medo de ataques dos bárbaros, de outros feudos e do temor religioso. Tudo isso ajudava a transformar a Europa num barril de pólvora que poderia explodir em guerras a qualquer momento.- Explicou Shang Lee.

— O Papa, ciente do perigo que se avizinhava com o fortalecimento do Islã, sobretudo com as investidas sobre o Império Bizantino, da possibilidade de a Europa se submeter comercialmente ao povos do Oriente Médio e da situação caótica da Europa, aproveitou o chamado do patriarca de Constantinopla para pregar a guerra pela reconquista da Terra Santa. No fundo, para a Europa, as cruzadas foram uma válvula de escape. — Acrescentou João Pedro.

— E não podemos esquecer que era intenção do papa unificar as igrejas cristãs. — Falou Shang Lee. — Aliás, as investidas dos maometanos vinham dar subsídios para o afã imperialista do comando clerical em Roma.

— Nessa época, conhecida como Idade Média, período que aparentemente não houve grandes progressos científicos na Europa, o povo islâmico, ao contrário, era rico e voltado ao desenvolvimento cultural, científico e econômico. — Falou Ali Aleck. — A matemática, por exemplo, foi um campo bastante estudado pelos islâmicos.

— E quando aparecem os templários?- Perguntou Sofia.

— As ordens religiosas, entre as quais se insere os templários, surgiram após a primeira cruzada. O objetivo era auxiliar os cristãos, que peregrinassem pela Terra Santa, e proteger os territórios conquistados.

— Certo, se existiam outras ordens, por que os templários seriam tão especiais? Por que seriam eles diferentes das demais? O que aconteceu com eles que os tornaram famosos? Por que eles? — perguntou Luís Augusto.

"Bom, Luís Augusto, a Ordem dos Pobres Cavaleiros de Cristo e do Templo de Salomão, mais popularmente conhecida como a Ordem dos Templários, foi a primeira ordem a ser criada. Além disso, foi a ordem mais rica e que conseguiu o maior número de terras na Europa, tendo inúmeros reis entre seus devedores. — Falou João Pedro.

— Até por isso, foi extinta..." — comentou Shang Lee.

— Após o surgimento da "Ordem dos Templários" outras foram criadas, como a "Ordem dos Hospitalários", os "Cavaleiros Teutônicos", só para falarmos das mais famosas. Todas elas se dedicavam ao auxílio aos peregrinos cristãos e à defesa dos territórios conquistados. — Continuou o professor português.

— Mas o que difere os Templários dos demais? — perguntou Sofia.

— Com base nos dados históricos, os templários tiveram sucesso por várias razões, uma delas foi subordinarem-se diretamente ao Papa. Assim, não tinham que prestar contas aos reis ou a qualquer autoridade temporal ou eclesiástica. Os templários eram exímios guerreiros e, para se ter uma ideia do poder econômico que tinham, pode-se dizer que a origem das cartas de crédito e, por consequência do sistema bancário, está baseado nos negócios realizados por eles.- Respondeu João Pedro.

— Como assim? — insistiu a esposa.

— Eles emitiam um documento, dizendo qual o valor depositado por alguém num castelo. Com esse documento, podia-se retirar o montante em qualquer outro lugar. Isso permitia viagens mais seguras para aqueles que andassem pela Europa. — Respondeu o professor Álvares.

— Nossa. Jamais imaginei que essa era a origem dos bancos modernos. — Surpreendeu-se Sofia.

— Pois imagine qual era o poder dos templários naquela época. — Falou João Pedro. — Mas voltemos ao cerne da questão. Não há nada, Luís Augusto, historicamente falando, que os coloquem acima das demais ordens militares religiosas. O que se sabe das pesquisas é que eram muito poderosos econômica e militarmente falando-se, tinham muitas terras e estavam subordinados ao Papa. Afora isso, não há o que os distinga das demais ordens. Talvez, se pensarmos por terem sido a primeira ordem, aí poder-se-ia dar um pouco de peso às lendas em torno deles. Mas são só suposições, nada mais.

— Agora, se olharmos pelo prisma do padre... — falou Shang Lee.

— Sim, agora vemos de forma diferente. Se o padre tiver razão, a ordem dos templários conseguiu algo extraordinário, pois atingiram seu objetivo, a retirada do tesouro de Akhenaton do Oriente Médio, possível lugar de repouso dele por séculos e ainda inspiraram o surgimento de outras ordens que, de certo modo, ajudaram no seu objetivo. — Disse o professor Álvares.

— Aliás, podemos até imaginar que o tesouro estivesse sob o templo de Salomão ou nas proximidades. -Comentou Shang Lee.

— É possível, mas lembre-se de que o templo foi destruído e não há registro de localizarem tal tesouro. — Argumentou João Pedro.

— E existe algo que não podemos esquecer. Foi sobre o monte onde estivera o templo de Salomão que os templários construíram sua principal fortaleza na Palestina. — Acrescentou Ali Aleck.

— Mas esperem. Por que os templários são tão especiais? Aquele padre tem razão no que diz? — perguntou Luís Augusto.

— Sinceramente, na história não há nada. Lendas, apenas lendas. — Respondeu seu pai.

— E agora o padre. — Concluiu Ali Kazan.

— Pois bem, a ordem dos templários foi a primeira ordem militar cristã, tiveram o apoio do Papa, eram poderosos nos campos militar e econômico, tinham muitas propriedades na Europa e no Oriente Médio. Certo até aqui. E depois?- perguntou Luís Augusto.

— Bom, depois é o que temos de descobrir. — Respondeu João Pedro. — Na verdade, o que temos de descobrir agora é para onde foi o tesouro. Sabemos o período aproximado da transferência, entre os séculos 10 e 12. É possível saber quais eram os castelos deles. Assim é possível que, em algum momento tenha sido levado para alguns deles. Mesmo que não esteja lá, talvez tenhamos alguma pista. — Comentou João Pedro.

— Certo, professor, talvez seja o caminho a seguir. — Falou Ali Aleck.

— Então é melhor irmos a Roma, para descobrirmos, na biblioteca, quais podem ter sido os destinos do tesouro. Meu amigo, o professor di Biasi ou o padre Abiato poderá nos levar até a biblioteca para pesquisarmos.

— E se fôssemos diretamente à biblioteca? O padre Abiato irá nos receber, não resta dúvida!"- falou Sofia.

— Sim, pode ser. Iremos ao Vaticano amanhã. Se não conseguirmos falar com o padre Abiato, procuro meu amigo Luca di Biasi.

Combinados que estavam, só restava aguardar o dia seguinte. Agora parecia que estavam no caminho certo. Sabiam quem eram, através dos tempos, os responsáveis pela guarda do tesouro e agora estavam no rastro dele. Sabiam que, num determinado momento histórico, o tesouro de Akhenaton havia deixado o Egito em direção a Israel e de Israel para a Europa. Não sabiam o destino, é certo, mas havia indícios de que poderiam descobrir por causa da história daqueles que protegeram o tesouro durante as cruzadas.

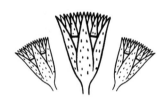

CAPÍTULO XXV

— Bom, na última vez que conversamos com o padre Abiato, estávamos pesquisando documentos relativos ao Egito antigo. Agora teremos de mudar nossa estratégia. — Falou João Pedro ao se aproximarem do Vaticano.

— Posso sugerir algo? E se falarmos ao padre que queremos pesquisar a presença dos templários no Egito? — ponderou Ali Kazan. — Talvez os templários também estiveram no Egito.

— É um caminho razoável, sem dúvida. — Respondeu o professor.

Ao entrarem no Vaticano, viram algo que não esperavam. Próximo ao obelisco da Praça São Pedro estavam Ludwig Von

Schutze e seus comparsas, com seus inconfundíveis ternos escuros. Rapidamente se esconderam atrás das pilastras na lateral da praça.

— O que faremos agora? Se nos virem, certamente irão nos perseguir. — Falou Sofia.

Sem dúvida, os planos tinham de ser alterados. A presença daquele trio ali no Vaticano era demasiado perigoso para eles.

— Temos uma certeza — falou Ali Aleck de que eles ainda não acharam o tesouro.

— Sim, é verdade, continuam vindo aqui na base do obelisco. Devem estar perdidos. Se tivessem achado o tesouro, já estariam colocando em prática a ideia que possuem. — Completou Luís Augusto.

— Não podemos ficar aqui muito tempo, temos de nos afastar o mais rápido possível. Façamos o seguinte: vamos nos separar e todos vão ao hotel e esperem lá. Não podemos sair daqui juntos, pois se nos virem, virão atrás de nós. — Falou João Pedro.

— O que pretende fazer?- perguntou Sofia.

— Ir ao hotel também! É muito perigoso ficar aqui. Vamos sair um a um sem chamar a atenção. Quando um sair, esperemos um tempo e depois sai o outro. Procurem tomar caminhos diferentes, para caso de serem seguidos. Observem com cuidado se não são seguidos e vão ao hotel. Não esperem os demais. Apenas nos encontraremos no hotel. E, principalmente, tomem cuidado!

Ali Aleck foi o primeiro, seguido por Shang Lee, Sofia, Ali Kazan e Luís Augusto. João Pedro, porém, ficou observando o que faziam.

Os três conversavam e vez por outra faziam alguma anotação. O mais interessante é que as observações dos três não se centravam no obelisco, mas na praça.

— O que estarão fazendo? Parece que fazem anotações sobre a dimensão da praça. — Pensava.

Com efeito, era isso mesmo que faziam. Vez ou outra se afastavam, faziam alguma anotação e observavam as dimensões da praça.

— Parece até que pensam que o tesouro está sob a praça... Será isso?- indagava-se o professor.

Mas não tinha tempo a perder. Enquanto observava, notou que um dos companheiros de Ludwig Von Schutze ficou olhando em sua direção.

—Terei sido descoberto? Era só o que me faltava. — E começou a se afastar no meio da multidão.

Olhou para trás e notou que Ludwig Von Schutze e seus comparsas também entraram no meio da multidão. Os três estavam procurando por ele no meio dos turistas. Percebeu que traziam às mãos algo metálico. Não pôde identificar o que era, poderia ser uma faca, um estilete, um revólver. Mas na dúvida, não queria esperar para ver.

João Pedro caminhava rapidamente no meio dos turistas. Procurava ficar próximo a grupos numerosos, tentando se disfarçar enquanto fugia. Notou que os três ainda o procuravam no meio dos turistas e vinham na direção dele. Esbarravam a cada momento em outro, entravam no meio de grupos tentando encontrar o professor português. Entrou na Praça Pio XII e seguiu em linha reta em direção ao rio Tibre.

—Tenho de despistá-los. — Pensava.

Andava rápido, mas ao mesmo tempo sorrateiramente, procurando esconder-se daqueles três. Quando percebeu que eles chegaram à Praça Pio XII, viu que eles olhavam de um lado para o outro e pararam. Os três tentavam ocultar o que tinham às mãos, mas estava claro que não era um bom sinal.

— Consegui enganá-los. Foi por pouco.- Escondido, João Pedro observou que os três andavam pela praça tentando localizá-lo.

— Na dúvida, é melhor eu desaparecer daqui. — E foi embora em direção ao hotel.

Como era de se imaginar, João Pedro foi o último a chegar.

Descansaram um pouco após o almoço e se sentaram para conversar.

— Aqui está ficando perigoso. — Falou Ali Kazan.

— Realmente está. Eu acho que eles me reconheceram.- Disse João Pedro.

— Como sabe? — perguntou Sofia.

— Porque eles me seguiram na saída da Praça São Pedro.

— Seguiram? Como? Viram que veio aqui? — perguntou assustada Sofia.

— Não. Não me seguiram até aqui. Consegui despistá-los na saída do Vaticano. Mas acho que me reconheceram, pois vi que me seguiram e ficaram me procurando. Tive sorte de não ser seguido. Ninguém imagina o que eles podem fazer. — João Pedro decidiu omitir a suspeita sobre as armas. Falar sobre isso só iria alarmar mais o grupo.

— Teve sorte mesmo, professor. — Falou Ali Aleck. — Temos de ter cuidado para não cometermos deslizes. Eles são frios e podem querer nos matar.

— Foi isso o que tentaram fazer no Cairo, quando nos trancaram naquele túnel. — Completou Ali Kazan.

— Certo. Mas nada aconteceu. Temos de entender o que está acontecendo. — Argumentou o professor.

— Professor. Eles disseram no Egito que estavam próximos do tesouro.- Falou Shang Lee. — No entanto, já vimos que eles estão no mesmo lugar onde paramos, aqui em Roma, sem evoluir. Talvez eles não saibam onde o tesouro está...

— Exato. Eles não sabem onde o tesouro está, por um simples motivo. — Fez o professor uma pausa para explicar.

— E qual o motivo pai?

— Pelo simples fato de que eles conhecem toda a frase, mas não sabem quem guardava o tesouro.

— Seja mais específico, João Pedro.- Falou Sofia.

— Serei. Observem bem. Eles sabem que havia um grupo de Akhenaton que guardou o tesouro. E sabem que o segredo da localização do tesouro permanece até hoje. Certo?

— Sim. — Responderam Ali Kazan e Luís Augusto, enquanto os demais esperavam pela conclusão.

— Pois bem, o que eles não sabem é quem teria transportado o tesouro da Terra Santa para a Europa e nem seu paradeiro.

— Os templários. — Sussurrou Ali Aleck.

— Exatamente. Lembram-se de que eles tiveram conhecimento da frase completa num documento secreto em Roma? Mas não disseram nada sobre a origem desse documento. Ou não quiseram dizer, ou não sabiam.

— E agora sabemos que desconhecem a origem. — Completou Shang Lee.

— Sim. Se soubessem. Não estariam procurando no Vaticano. Não está escondido lá.

— E como sabe disso? — perguntou Luís Augusto.

— Porque os templários não levariam para lá o tesouro, mas sim para um lugar onde eles pudessem cuidar. Isso é simples e lógico!

— Significa que estão perdidos? — indagou Ali Kazan.

— Aparentemente, sim.

— Estamos com vantagem sobre eles. Já sabemos que trouxeram da Palestina para a Europa. Mas para onde?- falou Ali Aleck.

— Atentem a algo. E se nós também estivermos errados? — sugeriu Shang Lee.

— Como errados? — perguntou João Pedro.

— Sim, errados. Até agora nós falamos sobre como trouxeram o tesouro, supostamente, de Jerusalém. Mas nos esquecemos de como eles terminaram.

— Faz sentido. Os templários foram perseguidos aqui na Europa e foi pelo rei da França, Felipe IV. — Falou João Pedro.

— França... — retrucou em voz alta Sofia.

— Exatamente. Até agora nós falamos de como o tesouro chegou à Europa. E depois? Talvez até não esteja aqui. — Comentou Shang Lee.

— É possível. Mas vamos entender o que aconteceu com os templários. Talvez possamos saber o que fizeram. — Falou Ali Aleck.

— Pois bem, o que se sabe é que a Ordem dos Templários ficou muito rica. Repentinamente, esses adeptos deixaram de dar atenção à Terra Santa e passaram a se preocupar mais com suas possessões na Europa. Sem dúvida eram muito ricos, pois até reis estavam entre seus devedores. — Falou João Pedro.

— Mas apesar de tão poderosa e influente, ela foi a única ordem que sofreu uma ruptura tão radical. — Argumentou Shang Lee.

— Exato. Os argumentos históricos dão conta de que o rei Felipe IV da França queria se apossar da riqueza deles. Como argumento defendeu que os templários eram hereges, praticavam rituais de magia negra, mantinham rituais obscuros de iniciação, dentre outras coisas. — Explicou João Pedro.

— E eram verdadeiras as acusações? — perguntou Sofia.

— Bom, o Papa os absolveu da acusação de heresia, mas não poupou o fim da Ordem. Talvez para não se indispor com o rei da França. Isso são argumentos históricos. — Falou João Pedro.

— Esperem um pouco. — Exclamou Ali Aleck. — Acho que realmente estamos fazendo a pesquisa errada. Roma é a sede da Igreja Católica, mas segundo o que o padre falou ao professor Álvares, os templários apenas se ligaram à igreja para realizar seus objetivos. Então se conclui...

— Conclui-se que o tesouro não foi trazido para cá! Exato! — cortou João Pedro. — É evidente! Os templários não trouxeram o tesouro para Roma, mas para outro lugar. Um lugar conveniente para eles, longe dos olhos de qualquer um.

— Faz sentido, eles sabiam que se, houvesse alguém no cristianismo que procurasse o tesouro de Akhenaton como o sultão egípcio, não teriam onde guardá-lo. — Completou Shang Lee.

— Se trouxessem para cá, Roma, certamente teriam chamado a atenção do povo, do clero, da nobreza. — Falou Ali Aleck.

— Mesmo sob a proteção papal, seria difícil conter o clero e a nobreza em busca desse tesouro. Precisavam de discrição. — Completou João Pedro.

— Seria Paris o destino? — perguntou Shang Lee. — Devemos lembrar que o fim da Ordem dos Templários começou na França.

— Pode ser. Mas não é uma hipótese bastante plausível. Paris era sede do rei da França. Também teria chamado a atenção do povo e da nobreza a chegada de algo como o tesouro — respondeu João Pedro.

— E onde seria então?- perguntou Sofia.

— Talvez, Avignon, na França. Foi lá a sede do papado de Clemente V, aliás, quem absolveu os templários da acusação de heresia.- Respondeu João Pedro

— Pelo que entendi, nós temos de ir para essa cidade francesa. Certo? — indagou Luís Augusto.

— Certo. É o que temos de fazer. — Respondeu seu pai.

— Então vamos. Essa "caça ao tesouro" está interessante. — Falou levantando-se.

Tinham, realmente, mais de um motivo para deixar a capital italiana. Acreditavam que Roma já havia fornecido as informações necessárias para elucidar o mistério do tesouro de Akhenaton. E sabiam que era uma informação valiosa, pois aí descobriram que a ordem dos templários era originária do grupo criado por Akhenaton para proteger seu tesouro. Seguramente sabiam em que época o tesouro deixara o Oriente Médio e fora escondido na Europa. Sabiam também que, apesar de, os neonazistas estarem muito confiantes em conseguir o tesouro, notaram que eles estavam perdidos, ainda procurando em Roma mais alguma informação. Estavam agora em vantagem. E para piorar, a presença dos neonazistas, em Roma, era uma ameaça para a segurança deles.

De alguma forma, a cidade francesa poderia fornecer mais informações. Tinham de deixar Roma e partir para Avignon, a antiga sede do papado, por quase cem anos. E fizeram isso o mais rápido possível.

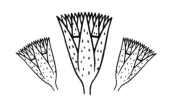

CAPÍTULO XXVI

Avignon, situada às margens do rio Ródano, na região de Provença, ao sul da França, é um interessante centro turístico, com um interessante e esplêndido complexo arquitetônico histórico. Sem dúvida, dentre os inúmeros pontos que devem ser observados, o Palácio dos Papas, que foi a sede da Igreja Católica, num período bastante conturbado da história, é um dos mais requisitados.

— Bom, aqui estamos. Por onde devemos começar? — perguntou João Pedro já imaginando que ninguém saberia a resposta.

— Talvez fosse melhor arrumarmos onde ficar. — Opinou Ali Kazan.

Com efeito, Ali Kazan tinha razão e procuraram um hotel simples para ficarem, mas que tivesse localização fácil para deslocamento. A região histórica era, pois, a mais indicada. Ali poderiam fazer as pesquisas que necessitavam.

Após se alojarem e descansarem um pouco da viagem, almoçaram e decidiram o que fazer.

— Pois bem, aqui não tenho conhecidos que possam nos ajudar. Mas acredito que não será difícil fazermos algumas observações.- Iniciou João Pedro. — O primeiro lugar, que temos de conhecer, evidentemente, é o Palácio dos Papas, pois é a sede da Igreja Católica aqui em Avignon por quase um século. E foi lá que o Papa Clemente V absolveu a Ordem dos Pobres Cavaleiros de Cristo e do Templo de Salomão, os templários.

— Certo. Vamos então! — falou Luís Augusto.

— Calma, filho, precisamos definir bem o que vamos fazer. Primeiramente, não iremos encontrar documentos que possam subsidiar nossas pesquisas. É muito improvável. Talvez, e com muita sorte, poderemos encontrar alguma coisa.

— Que tipo de coisa? — perguntou Luís Augusto.

— Não sei ainda. Precisamos ir ao palácio. Talvez tenhamos que ir a algum outro monumento. Veremos o que irá acontecer.

— Certo. Vamos então? — indagou Luís Augusto.

—Vamos. — Respondeu o professor. — Mas mais uma coisa. Estamos à frente dos neonazistas, é certo, mas temos de tomar todo o cuidado. Pode ser que eles descubram algo e venham aqui também. Sejamos prudentes.

Todos concordaram com a colocação de João Pedro. Precisavam tomar todas as precauções possíveis. Eles já tiveram experiências desagradáveis com os neonazistas. O sequestro, as ameaças, terem sido presos em túneis no deserto, enfim, aqueles homens eram capazes de qualquer coisa. João Pedro havia passado também pela experiência de ter sido perseguido. Saíra-se bem, é verdade, mas correra riscos.

— Até agora é difícil entender como entramos nessa. — Comentou Sofia a caminho do Palácio dos Papas.

— Pois é, eu também penso nisso. É tudo muito estranho. Parece que entramos em um turbilhão de acontecimentos e fomos arrastados por eles. — Respondeu João Pedro.

— Tudo começou com o sequestro de Shang Lee e meu filho.

— Sim, eu sei. E depois foi minha família. Mas agora todos estão aqui e nós continuamos atrás do tesouro para evitar que neonazistas ponham as mãos nele.

— Pois é esse nosso objetivo agora, pai. Se as autoridades não podem fazer nada para impedir, então nós faremos. Não podemos deixar que pessoas tão inescrupulosas tomem esse tesouro, seja lá o que ele representa.

— E deve, realmente, significar muito, para ficar mais de três mil anos oculto. — Completou Shang Lee.

— Sim, é isso que devemos fazer, evitar que essas pessoas tomem o tesouro e o usem para algo ruim. Se as autoridades não o fazem, nós faremos. — Sentenciou João Pedro.

— Tudo bem, mas devemos agir com calma para não nos arriscarmos mais. — Argumentou Sofia.

Estavam todos de acordo. A segurança era fundamental para todos eles. Sabiam do perigo que era enfrentar os neonazistas. No entanto, sabiam que tinham de impedi-los de chegar ao tesouro. De alguma forma, teriam de detê-los.

Chegaram ao Palácio dos Papas. A construção é grandiosa, como, aliás, deve ser um edifício que foi, durante vários anos, a sede da Igreja Católica. Transformado em centro turístico, o castelo preserva inúmeros afrescos e outros detalhes que remontam à época de sede da Igreja Católica.

— Pois bem, faremos uma visita. Mas o mais importante é observarmos os detalhes. Acredito que não haverá muito resultado, pois se houvesse alguma mensagem, alguma coisa extraordinária, já teria sido localizada e debatida, mas devemos prestar atenção. Se tivermos sorte, acharemos algo. — Falou João Pedro.

Não precisaria dizer isso, porém todos concordaram. Ater-se aos detalhes era o que mais precisavam fazer. Com efeito, a cada novo cômodo, notavam que ia diminuindo a possibilidade de localizar algo. Mas as esperanças se renovavam a cada novo ambiente, sendo desfeita ao final. Tinham de continuar. Além disso, tinham de estar atentos a possibilidade de algum neonazista aparecer. Se isso acontecesse, a situação iria piorar consideravelmente.

Ao chegar a *tour de l'Étude*, Luís Augusto e Shang Lee notaram algo. Próximo ao chão, havia numa das paredes uma pedra com característica diferente. Ambos comentaram, sussurrando aos demais, mas dado o número de pessoas lá dentro, não havia possibilidade de observá-la mais detidamente.

— Já é alguma coisa. Mais tarde, no hotel, pensaremos o que fazer. — Sussurrou João Pedro.

Continuaram a investigação no palácio, mas nada mais foi localizado que pudesse despertar alguma suspeita sobre o que procuravam.

Ao fim da tarde, enquanto comiam, comentavam:

— Não há dúvida, a única coisa realmente diferente é aquela pedra. E lembre-se de que o que chamou a nossa atenção foi uma leve diferença na tonalidade. — Falou Ali Aleck.

— Sim, foi a única coisa diferente mesmo. Esquadrinhamos cada ambiente que pudemos entrar, tocamos em diversas paredes, mas nada de diferente. — Concordou Luís Augusto. — Só aquela pedra, levemente, mais clara que as demais.

— Só há um jeito — disse João Pedro, após analisar detidamente as possibilidades. — Teremos de entrar à noite no palácio.

O espanto foi geral.

-,O quê? Entrar à noite no castelo? Está louco? Imagina o que pode acontecer se formos presos? — perguntou Sofia.

— Mas não há alternativa. Jamais poderemos analisar aquela pedra se estivermos com mais pessoas por perto...

— Mas já pensou no número de seguranças que há? — insistiu a esposa

— E tem outra opção para oferecer? Lembre-se de que, para tentar libertá-los, arrisquei-me indo para Israel pelo deserto. Poderia ter sido preso também, mas tive sorte, a sorte de conhecer um professor israelense que me ajudou. Agora é a mesma coisa.

Temos de nos arriscar. Temos de entrar naquele palácio para analisar a pedra.

— E o que sugere? — perguntou Ali Aleck.

— Teremos de entrar durante o dia, nos esconder e a noite sairmos para observar a pedra. Para isso, levaremos lanternas. Depois, ao final, nos escondemos novamente e quando as pessoas entrarem, a gente sai. Observaram que não há catraca de controle na entrada?

— Sim, notei realmente. Mas acha que não haverá guardas à noite dentro do palácio? — perguntou Ali Kazan.

— Iremos hoje à noite passar por lá para ver como são as coisas. Mas não serão todos que deverão ir. Preciso apenas de uma pessoa para me ajudar. — João Pedro não se manifestou, mas esperava que alguns dos historiadores, Shang Lee ou Ali Aleck, se manifestassem.

Hesitaram um pouco, no entanto, Shang Lee falou que iria, seguido de Ali Kazan.

— Então estamos certos. Shang Lee e eu faremos isso. Notei que há uma pequena sala perto da entrada onde guardam diversos objetos. Ficaremos escondidos lá até que não tenha mais ninguém. Aí iremos à sala de estudo.

Sofia, mais que os demais, demonstrava insegurança com a proposta. Mas não quis fazer objeções. Sabia que João Pedro estava decidido a fazer essa ação temerária e ninguém o demoveria dessa decisão. Só restava contar com a sorte.

À noite saíram pelas ruas de Avignon. Ao mesmo tempo, em que observavam as ruas medievais da cidade, sabiam que o destino era, sem dúvida, o Palácio dos Papas. Tinham de conhecer a segurança do local para definirem a estratégia de ação.

Conforme observaram, estavam com sorte. A segurança do local não apresentava nenhum sistema extraordinário. Havia guardas na frente. Mas não notaram se havia guardas no interior.

— Acho que é isso mesmo. A segurança no local existe, mas não é ostensiva nem muito complexa. Não teremos dificuldade, Shang Lee.

— É o que veremos amanhã. — Respondeu o jovem pesquisador português.

— Sim, mas antes precisaremos preparar alguns detalhes. Precisaremos levar as lanternas, algumas ferramentas para retirarmos a pedra, um bloco de anotações e um pouco de cimento e água.

— Cimento? — perguntou Luís Augusto. — Onde vamos arrumar cimento?

— Sim, as pedras foram coladas umas às outras não com cimento, evidentemente, mas nós, depois de soltá-la, teremos de prendê-la novamente para não levantar suspeitas. É só para fixá-la. Faremos o possível para não deixar marcas.

— É bom levarmos alguma coisa para forrar o chão e assim não deixarmos sujeira. — Acrescentou Shang Lee.

— Bem pensado, Shang Lee. Precisamos levar um pano qualquer como também água em um cantil. Amanhã, durante o dia, arrumaremos tudo. Por sorte as lanternas nós já temos.

Com efeito, as lanternas eram uma lembrança da amarga experiência de quando, presos num túnel próximo à esfinge de Gizé.

À noite foi tensa para todos. Vários pensavam se existiria alternativa para aquela ideia. Mas por mais que pensassem em algo, nenhum novo pensamento surgia. Não havia alternativas. Apesar de ser uma proposta que beirava à irresponsabilidade, somente essa se mostrava plausível.

Particularmente para João Pedro, a noite mostrou-se extremamente tensa. Vez ou outra acordava suando frio. Tinha pesadelos, por vezes imaginava-se apanhado dentro do castelo, outra sendo perseguido pelos neonazistas, outra ainda fugindo não sabendo do que ou de quem, apenas fugindo.

Após o café-da-manhã saíram e colocaram em andamento os preparativos da noite seguinte. Enquanto Shang Lee e Luís Augusto iam atrás das ferramentas necessárias para arrancar a pedra, Sofia e João Pedro iam atrás do cantil e do pano, e Ali Aleck e Ali Kazan procuravam por cimento.

Passaram toda a manhã atrás dos preparativos e após o almoço deixaram tudo pronto. De fato, não foi difícil arrumar os itens necessários.

— Iremos ao palácio no meio da tarde.- Comunicou João Pedro aos demais. — Mas antes Shang Lee e eu temos de descansar um pouco para a noite.

A aflição aumentava hora a hora. Agora só restava esperar o momento de por em execução o plano de João Pedro.

Foram ao palácio. Como no dia anterior, a movimentação no palácio podia ser considerada normal, de forma que poderiam se esconder sem serem notados. Entraram no palácio e, disfarçando interesse pelo castelo, andavam devagar, observando cada cômodo. Ali Kazan ficou numa das portas, enquanto Luís Augusto em outra. Era a hora.

João Pedro hesitou um pouco, mas se aproximou da porta onde se esconderiam. Estava aberta. Ele e Shang Lee entraram rapidamente. Tinham conferido tudo o que precisavam levar. Não faltava nada. O quarto não era grande, mas oferecia um bom esconderijo caso alguém entrasse ali. Havia algumas prateleiras cheias de objetos variados e poderiam ficar ali até que a noite chegasse.

Porém, antes de fechar a porta, João Pedro falou:

— Para termos certeza, deem mais uma volta pelo castelo, observem se não há nada que deixamos passar. Se falharmos hoje, começaremos da estaca zero.

Com efeito, os demais, ansiosos, andaram novamente pelo castelo a fim de se certificarem da possibilidade de algo diferente que não haviam notado.

Nada, nenhuma parte do castelo deixou de ser analisada e observada no dia anterior. Tudo aparentava normalidade, com a exceção daquela pedra na torre de estudo.

— Não nos resta mais nada do que esperar pelo dia de amanhã. Falou Ali Kazan.

— Esperemos que não sejam apanhados. — Completou Sofia.

João Pedro e Shang Lee haviam levado um pequeno lanche para comer enquanto esperavam. Escondidos naquele pequeno quarto, prestavam atenção a qualquer ruído que viesse de fora, sobretudo se alguém se aproximasse da porta. Perceberam que os ruídos começaram a diminuir.

— Só espero que não tranquem a porta. — sussurrou Shang Lee.

Não haviam pensado nesse detalhe, o que comprometeria a ação dos dois.

— Esperemos que não. — Respondeu João Pedro apreensivo.

A porta não foi trancada para alívio dos dois. A noite caiu e o silêncio se fez presente no palácio.

— Será que há guardas aqui dentro? — perguntou Shang Lee.

— Se tivermos muita sorte, não. Teremos de andar com cuidado. — Respondeu o professor. — Mas se não tivermos, teremos de estar atentos à movimentação no castelo.

Esperaram um pouco mais e decidiram sair. Antes, porém, de abrirem a porta, prestaram atenção a possíveis ruídos do lado de fora. Nada.

—Vamos. É chegada a hora. — falou João Pedro abrindo a porta.

Não havia iluminação interna. Tudo estava apagado. Apenas entrava o luar por entre os vitrais, mas nada que auxiliasse na iluminação dos ambientes.

—Vamos sem acender as lanternas. Eu me lembro do caminho. — Indicou João Pedro para onde tinham de ir.

Não demorou para acharem a torre de estudo.

— É aqui. — Apontou Shang Lee.

Acendendo a lanterna, miraram a pedra na parede e estenderam um pano sobre o chão para evitarem deixar vestígios.

— É agora. Shang Lee, preste atenção em qualquer movimento no palácio. Vou arrancar esta pedra para ver se encontramos algo.

Shang Lee prestava atenção, mas não ouvia nada, e, ao mesmo tempo, ajudava João Pedro a soltar a pedra.

— Estamos conseguindo. — Falou João Pedro. — Estas ferramentas são muito boas. Shang Lee, me ajude aqui segurando a pedra enquanto acabo de soltá-la.

Nesse momento, escutaram um barulho e Shang Lee apagou imediatamente a lanterna. O coração dos dois acelerou. No entanto, era uma coruja que bateu as asas na janela da torre.

—Vamos rápido. Não podemos perder tempo. — Disse João Pedro acelerando a soltura da pedra.

Até que a pedra se soltou.

— Será que conseguiremos recolocá-la? — perguntou Shang Lee.

— Espero que sim. Mas não quero pensar nisso agora. Vamos ver o que há aqui.

Observaram a pedra, detalhadamente, e notaram que na parte de trás havia algo.

— Tem alguma coisa aqui. — Apontou João Pedro.

Com uma espátula começou a raspar cuidadosamente. Não queria desfigurar o que havia ali.

— Há um símbolo aqui. — Ralou novamente, raspando com cuidado, mas acelerando o trabalho.

—Vamos rápido professor, alguém pode chegar.

— É uma cruz entalhada. Sabe que cruz é esta?

— É uma cruz templária.

— Sim, exato. É uma cruz templária. Significa...

— Significa, professor, que estamos no caminho certo.

Ficaram empolgados. Apesar dos riscos. Sabiam que tinham achado algo.

— Deve haver mais alguma coisa aqui. — Falou o professor, enquanto Shang Lee foi em direção da porta para observar a possível presença de guardas.

— Na pedra não há mais nada. — Comentou o professor.

— Certo. E agora? Onde devemos procurar?

— Calma, Shang Lee. Se chegamos aqui, devemos ter calma. Talvez deva haver alguma indicação aqui.

Mas não havia nada. A cruz templária estava perfeitamente alinhada, não indicando nenhum lugar para continuar as buscas.

— Onde devemos procurar? — insistia Shang Lee, olhando a sua volta. — E se...

— E se?

— E se estiver atrás da pedra?

João Pedro não havia pensado nisso. E foram ambos olhar o que havia dentro.

— Há uma pequena caixa aqui, professor.

Com efeito, acharam uma pequena caixa de madeira, envolta num pedaço de pano, apenas fechada, mas não trancada.

— O que teremos aqui? — indagou o professor.

Abriram a caixa. Havia, na tampa, o mesmo símbolo templário, a cruz. Dentro havia um pergaminho.

— O que será isto? — indagou novamente João Pedro.

O pergaminho, muito bem conservado apesar de aparentar ser muito velho, tinha um texto em latim.

— O que está escrito, professor?

— Deixe-me ver. Aqui diz:

" *O tesouro que nasce no Oriente brilha no Ocidente. O seu brilho é maior que o brilho do ouro reluzente, e não* servirá à vaidade de um só homem, mas está destinado a servir a todos os filhos de Deus."

"O segredo venceu o egoísmo. Felizes os que reconheceram"'

"'13 de outubro de 1307 do nascimento de Nosso Senhor Jesus Cristo."

— É o dia em que o rei da França determinou a prisão dos templários. — Comentou Shang Lee.

— Exatamente. Vamos anotar o que achamos aqui e deixar tudo como estava. — Falou João Pedro. — Temos de arrumar tudo e voltar a nos esconder.

Ainda prestavam atenção a qualquer movimento dentro do castelo, mas nada ouviram. Rapidamente anotaram o que tinham lido no manuscrito, tanto em latim, como sua tradução, exatamente como estava disposto no pergaminho. Recoloc-na dentro do buraco. Após, prepararam um pouco de cimento para fixar a pedra e colocaram-na no lugar. Tinham de agir rapidamente, mas ao mesmo tempo com cuidado para não deixar vestígios.

— Acho que conseguimos. — Falou o professor.

— Certo, vamos sair daqui.

Apagaram as lanternas e fizeram o caminho de volta. Ao saírem da torre de estudo, entretanto, escutaram uma porta se bater. Pararam.

— O que será isso? — indagou João Pedro.

— Devemos ir ver, professor?

— Não. É melhor irmos nos esconder. Nem sabemos de onde veio o barulho.

— E se for onde estávamos escondidos?

— Pode ser, mas temos de nos esconder. Vamos em frente, e em silêncio.

Caminharam em silêncio, prestando atenção a cada movimento. Mas nada encontraram. Não havia ninguém. Procuravam evitar qualquer barulho, a cada passo se aproximavam do pequeno quarto onde se esconderam. Novamente ouviram um som, desta vez de algo batendo numa janela. Apressaram os passos até chegarem ao esconderijo.

— Enfim, escondidos novamente. — Falou o professor.

— Onde terá batido a porta?

— Não sei. Só espero que ninguém venha aqui. Agora temos de esperar amanhecer para que venham nos buscar.

Enquanto esperavam amanhecer, e tentando disfarçar a tensão, conversavam sobre outras coisas, ao mesmo tempo em que prestavam atenção a qualquer movimento.

— Nunca me imaginei fazendo isto... — falou João Pedro.

— Não é uma situação muito confortável.

— Nem na época em que estudava fiz algo assim...

— Na minha época de faculdade fazíamos festas e outras coisas com meus colegas. É verdade que por vezes arrumávamos confusões, mas jamais fizemos transgressões deste tipo. — Falou Shang Lee.

— De fato, eu era assim também. Gostava das diversões da época da faculdade, mas evitava confusões maiores, que pudessem manchar minha carreira acadêmica. Mas quando iria imaginar que, depois de me tornar professor, iria me colocar nesta situação.

— Temos de ver o lado positivo da nossa ação...

— Se formos pegos, espero que as autoridades nos entendam...

Mais um barulho dentro do castelo foi ouvido. Mas era longe de onde estavam.

— Parece até que este palácio é mal assombrado, tal o número de barulhos. — Falou Shang Lee.

— Teremos assombrações se formos pegos. É melhor ficarmos o mais quieto possível até amanhecer.

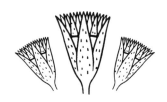

CAPÍTULO XXVII

Perceberam pela luminosidade por baixo da porta que o dia já amanhecia. Era questão de tempo, para que seus companheiros viessem ao auxílio deles. A ansiedade aumentava.

— Agora é questão de tempo até sairmos daqui. — Falou o professor.

— Será o momento mais difícil. Espero que ninguém nos veja. — Completou Shang Lee.

Aguardaram mais um tempo até que o palácio se abrisse. Como tinham combinado, os quatro que ficaram fora do palácio: Sofia, Luís Augusto, Ali Kazan e Ali Aleck entrariam aos pares em momentos diferentes para assegurarem que João Pedro e Shang Lee saíssem sem serem notados.

Após a abertura do palácio, esperaram pelo momento em que deveriam ser avisados. Os primeiros a entrarem foram Ali Kazan e seu filho Ali Aleck e a chegarem à sala que dava acesso àquele quarto.

A estratégia para a saída de João Pedro e Shang Lee do esconderijo era; enquanto um observava a porta de acesso, o outro aguardando um sinal do primeiro, bateria na porta três vezes e após um curto tempo, mais três vezes. Tinham ensaiado esta senha no hotel, de forma que não cometeriam equívocos caso terceiros batessem na porta.

O movimento no palácio era igual ao dos dias anteriores, assim, quando entraram, Ali Aleck foi em direção à porta, aguardando um sinal de seu pai Ali Kazan. Kazan observou que poderia ser dado o sinal, pois, ninguém se aproximava naquele momento e Ali Aleck deu as batidas codificadas na porta.

Aliviados, Shang Lee e João Pedro saíram e, sem comentarem nada, simularam, com seus companheiros, um passeio pelo castelo. Após saírem, viram Sofia e Luís Augusto, que, aliviados, foram ao encontro dos demais.

— Como foram? — perguntou Sofia.

— Conseguiram? — perguntou em seguida Luís Augusto.

— Sim, conseguimos, mas antes precisamos descansar. Ficamos acordados a noite toda e precisamos dormir um pouco. Vamos ao hotel e depois conversaremos sobre o que conseguimos. — Respondeu João Pedro.

Dirigiram-se, pois, ao hotel, onde Shang Lee e João Pedro dormiram até próximo ao horário de almoço. Os demais, evidentemente, aguardaram ansiosos para ouvirem o que tinham descoberto.

Com efeito, após almoçarem, todos se reuniram numa das mesas do hotel para conversarem.

— O que descobriram? — perguntou Luís Augusto antes de se sentar.

— Pois bem, por sorte não havia seguranças dentro do palácio, o que facilitou nossa investigação. Após irmos à sala de estudo, tentamos arrancar a pedra sem destruí-la ou fazer muito barulho. — Começou dizendo João Pedro.

— E? — indagou Luís Augusto.

— Continue, Shang Lee.

— Tiramos a pedra e na parte de trás achamos este símbolo — e mostrou um desenho, cópia da cruz templária que se encontrava atrás da pedra. — Sabíamos que estávamos no caminho certo.

— Acharam mais alguma coisa? — perguntou Sofia.

— Havia alguma mensagem? — acrescentou Ali Aleck.

— Sim, tentamos localizar algum significado implícito, alguma simbologia na cruz templária dentro da sala de estudo. Mas... — explicou o professor.

— Mas? — impacientou-se Luís Augusto.

— Mas não estava na sala, mas atrás da pedra, o que tínhamos de encontrar. — Respondeu João Pedro.

— O que havia lá? — perguntou Sofia.

João Pedro olhou para Shang Lee que continuou.

— Como não achávamos nada na sala que pudesse nos indicar alguma pista, sugeri que poderia haver algo atrás daquela pedra, fato que realmente se confirmou. Havia uma pequena caixa de madeira, envolta num tecido e que continha um pergaminho muito bem conservado dentro.

— E o que estava escrito no pergaminho?- interpelou Luís Augusto.

— Achamos o seguinte texto. — E João Pedro começou a procurar suas anotações. — Aqui está. A primeira frase é: "O tesouro que nasce no Oriente brilha no Ocidente. O seu brilho é maior que o brilho do ouro reluzente, e não servirá à vaidade de um só homem, mas está destinado a servir a todos os filhos de Deus". A segunda é esta: "O segredo venceu o egoísmo. Felizes os que reconheceram". Já a terceira é uma data: "13 de outubro de 1307 do nascimento de Nosso Senhor Jesus Cristo". Foi isto o que achamos.

— E o que significam? — perguntou Luís Augusto sem entender o que significavam.

— Em relação à data, não há dúvidas o que significa; é o dia em que o rei da França ordenou a prisão de todos os templários. — Respondeu João Pedro.

— Foi nesse dia? — indagou Ali Kazan.

— Sim, foi exatamente nesse dia. — frisou o professor.

— Ou seja, está claro que faz uma referência clara à perseguição do rei da França aos templários. — Observou Ali Aleck.

— Sim, parece que é esse o significado da data. — Concordou João Pedro.

— Mas por quê? Qual a razão de fazer alusão a isso? -perguntou novamente Ali Kazan.

— Isso é o que temos de descobrir. Mas façamos algumas suposições. O rei da França, Felipe IV, desejava se apossar das riquezas dos templários. Mas, aí entramos no campo das suposições: E se ele tivesse descoberto a real missão dos templários? E se descobrisse a existência de um tesouro valiosíssimo, o tesouro de Akhenaton, e quisesse se apoderar dele? — argumentou João Pedro. — Se isso for verdade, o que Felipe IV da França desejava era muito mais do que as riquezas que os templários possuíam na Idade Média, mas o que ocultavam.

— O famoso tesouro... — completou Shang Lee.

— Em outras palavras, o que o sultão do Egito fez, dando ensejo ao grupo de Akhenaton para iniciar a Ordem dos Pobres Cavaleiros de Cristo e do Templo de Salomão, o rei da França também fez, decretando agora o fim dessa ordem, ou seja, ambos quiseram tomar o tesouro de Akhenaton e o grupo criado pelo sultão precisava escondê-lo. — Comentou Ali Aleck.

— Sim, se tomarmos a suposição como verdadeira, é isso o que aconteceu. — Disse João Pedro. — Tanto o início como o fim da ordem templária, está ligada, supõe-se, à busca do tesouro.

Muito embora, sabemos que o grupo de Akhenaton, sem se revelar, continuou na sua missão, de proteger o tesouro.

— Só que agora havia um agravante; não poderiam levar o tesouro novamente para as regiões dominadas pelos otomanos, pois poderiam aguçar a cobiça de algum líder, caso soubessem do tesouro. — Corroborou Shang Lee.

— Exato. Teriam de achar um outro lugar e que fosse dentro dos territórios dominados pelos cristãos. — Completou Ali Aleck.

— E o que atesta um possível êxito seria a segunda frase. — Acrescentou João Pedro.

— Como assim? Pode se explicar melhor? — perguntou Sofia.

— Pensando ainda nas suposições, vamos analisar a segunda frase: "O segredo venceu o egoísmo. Felizes os que reconheceram". Parece claro, que alguma coisa, o *segredo*, venceu o egoísmo. E o que seria o egoísmo? Não seria desejar apossar-se do tesouro que os templários guardavam? Não seria isso? — respondeu João Pedro

Todos concordaram. Se seguissem aquela linha de raciocínio, chegavam àquela conclusão.

— No entanto, devemos frisar, isto tudo são suposições. Pode ser que estejamos errados. — Completou João Pedro.

— Tudo bem. Mas pensando no que está escrito aqui, não vemos outra possibilidade. — Argumentou Luís Augusto.

— As informações que temos levam a essa conclusão, mas não podemos ser precipitados. — Respondeu João Pedro.

— E a primeira frase? O que significa? — perguntou Ali Kazan.

— O que acha Shang Lee? — dirigiu-se o professor João Pedro ao seu companheiro na busca noturna no Palácio dos Papas.

— É evidente que é uma mensagem que reforça o ideal dos templários ou, melhor dizendo, o grupo de Akhenaton.

— Por quê? — indagou Sofia.

— Ora, não podemos ter certeza das conclusões que tiramos ao analisar estas frases, mas são suposições que tiramos ao lê-las.

— Respondeu João Pedro.

— Sim, mas quais são essas conclusões? — insistiu Luís Augusto.

—Vamos observar a frase. — Respondeu seu pai. — A frase diz: "O tesouro que nasce no Oriente brilha no Ocidente. O seu brilho é maior que o brilho do ouro reluzente, e não servirá à vaidade de um só homem, mas está destinado a servir a todos os filhos de Deus" Ou seja, até agora, tudo o que descobrimos, no Egito, em especial em Akhetaton, em Jerusalém, depois em Roma, e agora aqui em Avignon, tudo corrobora com essa frase.

— Mas o que, realmente, é o tesouro?- reinquiriu Luís Augusto, frisando a palavra realmente.

— Com os elementos que temos, não é possível afirmar o que realmente seja o tesouro até agora. Respondeu Shang Lee.

— Mas podemos ter a certeza de que é algo muito valioso para ser preservado por milênios, de geração em geração. — Completou Ali Aleck.

— E deve ser mesmo, sobretudo pelo zelo que esse grupo de Akhenaton tem para protegê-lo de gananciosos. Asseverou João Pedro.

— Certo, até aqui nós já chegamos. Sabemos que é muito valioso, sem, no entanto, sabermos o que realmente é. Sabemos que durante a história existiram muitos homens que queriam se apossar desse tesouro, o que reforça a hipótese de sua importância. Mas, tirando os enigmas e símbolos, como podemos ter certeza de que esta frase ou todas as frases não são sinais vazios? E mais, como podemos ter certeza de que ninguém se apossou desse tesouro? — observou Sofia.

— Ora, pelo simples fato do que aconteceu até agora. Já sabemos que os neonazistas são muito organizados... — iniciou sua explicação João Pedro.

— Isso, frise-se, foi o que nos disseram, ou melhor, disseram a você. — Interrompeu Luís Augusto.

— E não será isso verdade? Não foram capazes de sequestrar você, a sua mãe, o Ali Aleck e o Shang Lee? Recursos e organização eles têm. Isso está claro! Por isso, pressupõe-se que tenham informações sobre a não localização do tesouro. — Contra-argumentou João Pedro.

— Aliás, lembremos-nos de que eles já sabiam a frase completa. — Destacou Ali Kazan. — Pelo menos eles disseram isso quando nos prenderam no túnel da esfinge.

— Exato. Mas não vamos perder de vista o que temos sobre o tesouro, sua autenticidade ou não. Já sabemos que em quatro cidades até agora, cidades estas importantes para a história, há uma mensagem sobre o tesouro. Em Akhetaton, encontramos, em hieróglifos, a palavra Akhenaton, tesouro, e a primeira parte da frase: — Aqui diz que "O tesouro está nos olhos de quem sabe olhar..." Já em Jerusalém, encontrei algo extremamente valioso e importante nos vestígios do antigo muro do Templo, as palavras Deus e tesouro escritas em aramaico, bem como a frase: "O tesouro está nos olhos de quem sabe olhar, nos ouvidos de quem sabe ouvir..." — iniciou João Pedro.

— E não podemos perder de vista que a palavra Deus para o povo hebreu é revestida de grande reverência. Quem usou essa palavra numa inscrição escondida, sabia o grau de importância que essa palavra representa. — Interrompeu Shang Lee.

— Exatamente, e mesmo o Templo de Jerusalém não contém nenhuma inscrição, o que é proibido. Quem deixou esse sinal sabia disso, pois escondeu a mensagem para que poucos soubessem onde estava. Mas mesmo assim deve ter feito, para mostrar a importância que o tesouro e a frase significavam. — Completou Ali Aleck.

— Pois bem, aí chegamos a Roma onde encontramos a frase completa escrita em latim: "O tesouro está nos olhos de quem sabe olhar, nos ouvidos de quem sabe ouvir e no coração de quem sabe sentir." Isso comprova que os neonazistas realmente sabem da existência da frase, do que significa, bem como onde são encontradas partes dela. — Continuou o professor.

— Isso eles nos disseram quando nos prenderam em Gizé. -Acrescentou Ali Kazan.

— Isso nos mostra várias coisas, tais como: que o grupo de Akhenaton se infiltrava na população local, se misturava a ela, pois usava a língua local: hieróglifos no Egito; aramaico, uma língua popular, em Israel; e o latim em Roma. — Frisou João Pedro.

— Professor, não podemos dizer que se infiltravam, mas que membros do grupo de Akhenaton pertenciam, efetivamente, à população. — Frisou Shang Lee. — Além disso, tudo mostra que estavam presentes em vários momentos históricos, diga-se de passagem.

Todos concordaram com ele. Realmente não seria possível falar em infiltração, mas sim que pertenciam à população.

— Realmente você tem razão, Shang Lee, quando estive em Jerusalém, notei que quem me ajudou deveria ser judeu; o mesmo eu digo em Roma, quando um padre, ou suposto padre me ajudou. Mas o fato é que ocorre realmente isso que me contaram, ou seja, as pessoas são convidadas a fazer parte do grupo de Akhenaton e à medida que passam a reconhecer o valor do tesouro, zelam por ele. — Explicou João Pedro.

— Mas será que não se interessam pelo tesouro? — perguntou Luís Augusto. — Ora, se é tão valioso, será que nenhum dos membros desse grupo não se interessou pela riqueza?

— Se aconteceu ou não, é impossível sabermos agora. Mas isso pode ter acontecido, uma traição, talvez. Não sei... não podemos falar sem nenhuma informação. Apenas sabemos que o tesouro está até hoje escondido. É isso que as provas indicam. — Respondeu João Pedro.

— Pois bem, não percamos o ponto central. Sabemos que o tesouro saiu de Akhentaton, passou por Jerusalém e, na Idade Média, foi transportado para a Europa pelos templários. De alguma forma, eles deixaram uma mensagem, que é a frase:"O tesouro está nos olhos de quem sabe olhar, nos ouvidos de quem sabe ouvir e no coração de quem sabe sentir". Depois, ao serem perseguidos pelo rei da França, trataram de esconder o tesouro, mas também se atentaram para deixar uma mensagem, que é esta que localizamos, ou seja, a data do decreto real ordenando a prisão de todos os templários, uma frase que aponta para uma vitória do grupo de Akhenaton sobre o rei, que é a oração: "13 de outubro de 1307 do nascimento de Nosso Senhor Jesus Cristo." — Além disso deixaram outra mais enigmática... — concatenou as descobertas Ali Aleck.

— Sim, enigmática. — Repetiu seu pai Ali Kazan, e releu a frase: "O tesouro que nasce no Oriente brilha no Ocidente. O seu brilho é maior que o brilho do ouro reluzente, e não servirá à vaidade de um só homem, mas está destinado a servir a todos os filhos de Deus."

Todos ficaram pensativos. Até aquele momento ainda não sabiam onde procurar.

— Talvez tenhamos de voltar ao palácio. Se deixaram esta mensagem clara de terem escondido o tesouro da ganância do rei Felipe IV, da França, é possível que tenham deixado outra, de onde seria a localização do tesouro. — Falou João Pedro. — Descansamos hoje e amanhã iremos ao palácio.

— Professor, se me permitir sugerir algo, talvez possamos procurar em mais lugares. Talvez até andando pela parte velha da cidade encontraremos alguma coisa. — Opinou Ali Kazan.

— Bem pensado, Ali, um giro pela parte velha irá proporcionar um passeio turístico, bem como a descoberta de alguma coisa a mais. Amanhã faremos isso. — Concordou João Pedro.

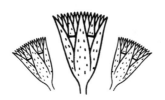

CAPÍTULO XXVIII

Amanheceu um dia agradável. Não tinham pressa para sair. Após o café-da-manhã, decidiram por iniciar as pesquisas pelo próprio Palácio dos Papas, o lugar onde, pela lógica, seria o mais indicado para iniciarem novas pesquisas. Ademais, já haviam descoberto algo.

Caminharam em direção ao palácio. No entanto, ao chegarem à praça defronte da antiga sede papal viram o que não imaginavam encontrar naquele lugar. Na proximidade da escadaria de acesso, estavam os três parados, Ludwig Von Schutze e seus comparsas neonazistas, conversando calmamente e analisando o lugar, os mesmos três já conhecidos que outrora tiveram contato nada amistoso com o professor e o grupo dele.

Esconderam-se numa das vielas que havia por ali e ficaram observando.

— O que fazem aqui? — perguntou Ali Kazan.

— Só há uma resposta para isso, meu amigo. Eles descobriram onde continuar a procura pelo tesouro de Akhenaton. — Respondeu o professor Álvares.

— Mas como? — insistiu Sofia.

— Lembra-se de quando disseram que também tinham seus informantes? Além disso, fui informado dessa possibilidade, de que não eram aventureiros, mas um grupo bastante organizado.- Respondeu João Pedro.

— Significa que já sabem que eram os templários que protegiam o tesouro?- indagou Luís Augusto.

— Sim, é o que parece. — Respondeu seu pai. — Não podemos ficar aqui. Se formos achados, correremos grande perigo.

Afastaram-se, rapida e instintivamente, voltaram ao hotel.

— O que faremos? — perguntou Sofia.

—Vamos pensar um pouco... O que temos até agora?

— Já sabemos que tudo indica que os templários trouxeram o tesouro de Akhenaton para a Europa. E que o rei da França os perseguiu por causa do poder que tinham, possivelmente sabendo da existência do tesouro. Sabemos que o papa Clemente V os absolveu das acusações de heresia dentre outras, mas não conseguiu impedir o fim da ordem. — Disse Ali Aleck.

— É evidente que, com base nas frases que achamos aqui, os templários, apesar de perseguidos por Filipe IV da França, conseguiram impedir que o rei francês se apossasse do tesouro de Akhenaton. As frases indicam isso. — Expôs Shang Lee.

— Sim, até aí já sabemos. Mas para onde levaram o tesouro? -perguntou Luís Augusto.

— A resposta pode parecer óbvia, mas façamos algumas suposições. Era impossível, naquele momento conturbado, remover o tesouro para terras dominadas pelos maometanos. Então, por óbvio, seria a Europa, o único lugar possível de escondê-lo. Certo? — iniciou João Pedro.

— Certo. — Responderam Sofia e Ali Kazan.

— Apesar da guerra contra os maometanos, a Europa não era totalmente unida. De fato, havia divisões entre os líderes europeus e, no caso dos templários, isso ficou bastante evidenciado, pois alguns reinos, dentre os quais Portugal e Castela, ambos da península ibérica, e a Alemanha não apoiavam essa perseguição. Nesses reinos, os templários foram perseguidos, mas sem nenhuma prova, foram absolvidos. Era clara a não influência francesa nesses reinos. Muito embora, frise-se, na maioria dos reinos europeus, foram perseguidos e seus bens foram apossados pela Igreja Católica, legítima sucessora, segundo entendia a liderança clerical ou pelos próprios reinos. — Explicou Shang Lee.

— Exatamente. Pois bem, agora nos cabe fazer algumas suposições. Se os templários conseguiram esconder o tesouro de Akhenaton, como dizem as frases que achamos, é provável que tenham transportado para algum lugar onde não eram perseguidos. — Completou o professor Álvares.

— E quais são esses lugares? — perguntou Luís Augusto.

— Aí é que surge o problema, são vários. — Respondeu João Pedro.

— Uma coisa eu não entendo, se eram tão poderosos, como se deixaram perseguir? E por que o Papa não os protegeu? — perguntou Sofia.

— É evidente que estamos resumindo muito a história. Havia muitos interesses envolvidos. Havia interesse na unificação da ordem dos templários com a ordem dos hospitalários, bem como a reconquista dos maometanos da região da Palestina, enfraqueceu a importância das ordens militares, dentre outros fatores históricos que aqui não nos cabe discutir. — Respondeu João Pedro.

— O que temos de nos ater é para onde teria sido transportado o tesouro, caso estejamos certos nas nossas suposições. — Comentou Ali Aleck.

-E devemos estar, pois vimos os neonazistas aqui também. -_ Acrescentou seu pai.

— Exato, isso indica que devemos estar no caminho certo e ainda à frente. — Anuiu o professor português.

— Pois bem, vamos rever as frases que achamos no palácio: "O tesouro que nasce no Oriente brilha no Ocidente. O seu brilho é maior que o brilho do ouro reluzente e não servirá à vaidade de um só homem, mas está destinado a servir a todos os filhos de Deus" e:. "O segredo venceu o egoísmo. Felizes os que reconheceram". A segunda frase, realmente, não apresenta muito segredo, parece indicar que o grupo de Akhenaton conseguiu proteger o tesouro. Mas a primeira, ainda não conseguimos decifrar seu significado. — Começou a analisar Shang Lee.

— Tem razão, Shang Lee, talvez seja essa a chave para localizarmos o paradeiro do tesouro. Vamos observá-la atentamente. Volta a dizer da importância do tesouro, do seu valor, bem como reforça que o destino do tesouro não é para um único homem, mas para toda a humanidade possivelmente, destinando para o futuro, como se depreende da frase e da ação do grupo de Akhenaton. — Iniciou a observação João Pedro.

— Sim, mas nada indica o seu destino. — Observou Luís Augusto.

— Mas o que significaria essa primeira parte da frase: "O tesouro que nasce no Oriente brilha no Ocidente"? — Continuou João Pedro. — Não paramos para analisar seu significado.

— Bom, o grupo de Akhenaton foi criado em, Akhetaton, no Egito. De lá, foi levado para, Jerusalém, na Judéia. — observou Ali Akeck.

— E de lá, para a Europa, sem sabermos exatamente o lugar no continente europeu, mas possivelmente em alguma área sob o domínio dos templários. — Continuou Shang Lee.

— Sim, isso é o que concluímos de tudo o que descobrimos. Mas precisamos saber onde. -Respondeu o professor.

— Aqui diz: "O tesouro que nasce no Oriente brilha no Ocidente", ou seja, faz uma alusão à origem do tesouro, no Egito, no oriente e se analisarmos em Roma, em, Avignon e outras cidades importantes da Europa católica.- Observou Ali Aleck.

— Mas brilhar no Ocidente significaria isso? A vinda do tesouro do Oriente, seja Akhetaton, seja Jerusalém, representaria isso mesmo, que o tesouro estaria na Europa? — perguntou Sofia.

— Pode ser, mas podemos fazer outra suposição, e se os termos Oriente e Ocidente dessa frase estiverem relacionados à sua localização naquele momento? — supôs Shang Lee.

— Como assim, não entendi. — Interrompeu Luís Augusto.

— Quero dizer que, quando foram escritas essas frases, o tesouro já estava protegido na Europa. E se a frase faz uma alusão à sua presença em algum ponto da França e que foi deslocado para o Ocidente, ou seja, Espanha ou Portugal. — Explicou Shang Lee.

Ficaram em silêncio analisando o que Shang Lee tinha sugerido, mas João Pedro comentou:

— É possível, mas improvável. A frase é clara, diz que: "O tesouro que nasce no Oriente brilha no Ocidente". — Isso significa clara alusão à sua origem, em Akhetaton. A palavra *nasceu* não dá margens a dúvidas.

— Sim, realmente. Pois bem, se adotarmos essa tese que a frase afirma: "O tesouro que nasce no Oriente brilha no Ocidente" — realmente se refere à sua origem em Akhetaton e que, no momento em que foi escrita, se refere à sua vinda à Europa, surge um grande problema: para onde foi levado o tesouro? Supomos que foi para algum lugar seguro para os templários. Ou seja, devemos restringir as hipóteses para locais seguros dos templários. Concordou Shang Lee.

— Isto é, Portugal, Alemanha e... qual seria o outro reino? — começou Luís Augusto a selecionar as hipóteses.

— Castela. — Completou João Pedro. — Hoje parte do Reino da Espanha.

— Certo, então devemos procurar nesses três países? — insistiu Luís Augusto.

— Não, antes temos de saber para onde ir exatamente, mesmo porque, os recursos financeiros impõem essa limitação. — Respondeu seu pai.

— Certo, já sabemos de três possíveis destinos. Para qual desses países é possível que os templários tenham transportado o tesouro? — perguntou Sofia.

Professor Álvares e os dois outros historiadores ficaram por um tempo pensando. Era impossível a existência de qualquer documento histórico que atestasse uma tal operação. Não havia nenhum dado que comprovasse a existência desse tesouro, muito menos que os templários o tenha transportado para algum lugar da Europa ou outra parte. Tudo seriam suposições.

— Pois bem, selecionamos três reinos. A presença dos templários na Península Ibérica é marcante, basta nos lembrarmos da guerra da reconquista onde os cristãos enfrentaram os maometanos para retomar a Península Ibérica da dominação muçulmana. Em relação à Alemanha, devemos nos lembrar de que, apesar de, não terem sido perseguidos, não era a presença deles nessas terras tão marcante como, em outras. — Analisou Shang Lee.

— Ou seja, indica que devemos nos ater a Portugal e à Espanha... — observou Sofia.

— Sim, em tese, é isso o que afirmo. — Respondeu Shang Lee.

— Desculpem-me interromper, mas temos de agir rápido. Lembrem-se de que os neonazistas já chegaram aqui. Podem muito bem achar aquelas inscrições e descobrirem o paradeiro do tesouro. — Comentou Ali Kazan.

— Tem razão, Ali, temos de agir rápido. Mas voltemos ao ponto onde paramos. Em tese, temos, então Portugal e Espanha como possíveis destinos do tesouro de Akhenaton. — Voltou ao ponto inicial João Pedro.

— Mas qual deles escolher? — mostrou-se indeciso Luís Augusto.

— Tenhamos calma agora, podemos dar um passo certeiro ou podemos colocar tudo a perder. Descartamos a Alemanha pelo simples fato de que lá os templários não tinham uma presença tão marcante quanto na Península Ibérica. Mas também nem cogitamos a hipótese de o tesouro de Akhenaton ter sido transportado para a Itália, ou Inglaterra, ou mesmo deslocado para outro ponto da França. — Ponderou o professor.

— Mas se fizessem isso, estariam indo contra a ordem de Akhenaton, de preservá-lo, pois, precisavam ter certeza de que o tesouro estaria protegido e, para isso tinham de levar a um lugar onde pudessem manter o controle. — Argumentou Shang Lee.

— Aliás, professor, foi por essa razão que transportaram o tesouro da Palestina para a Europa, mantê-lo sob segurança. -Concordou Ali Aleck.

— Exato, vocês têm razão, apenas fiz uma colocação que não devemos ignorar as possibilidades. Temos de lembrar que tratamos de hipóteses, suposições. Não temos nenhum dado histórico sobre a existência desse tesouro nem da sua movimentação, apenas mensagens das quais deduzimos algum significado. — Explicou-se o professor.

— Pois bem, e onde seria, dentre os países sugeridos o melhor destino? Se adotaram o mesmo princípio de manter o tesouro oculto num lugar onde pudessem ter acesso, qual seria a melhor opção Castela ou Portugal? — perguntou Sofia.

Pensaram um pouco. A cada passo, as suposições se tornavam cada vez mais superficiais. Já não bastavam todas as dúvidas que tinham e os dados incompletos que possuíam, cabia a eles decidir para onde ir. Castela, onde se cogitou perseguir os templários; ou Portugal, reino que, apesar de ter investigado os templários, ainda assim lhes deu abrigo e se utilizou de seus bens para criar uma nova ordem religiosa.

— Sinceramente, não sei para onde ir. De um lado, temos Castela que não perseguiu os templários e se opôs à determinação de prendê-los. De outro, temos Portugal que se utilizou de um artifício para evitar a dilapidação do patrimônio da Ordem dos Pobres Cavaleiros de Cristo e do Templo de Salomão, criando uma nova ordem religiosa, a *Ordo Militiae Jesu Christo* ou como é mais conhecida, a Ordem de Cristo.- Começou a explicar João Pedro.

— Exato, assim Portugal consegue, por um lado, aplacar a sanha perseguidora de Luís IV, rei da França, ao decretar o fim dos templários e de outro, evitar a dilapidação do patrimônio da Ordem dos Templários e sua consequente transferência à Ordem Soberana e Militar Hospitalária de São João de Jerusalém, de Rodes e de Malta, criando uma ordem própria, a Ordem de Cristo, para manter a estreita vinculação que existia entre os templários e a nobreza portuguesa. -Acrescentou Shang Lee.

— E para onde devemos ir então — insistiu Luís Augusto.

— Ainda não chegamos a nenhum lugar e temos de agir rapidamente.

— Será que é Portugal nosso destino? — indagou Sofia.

— Se for, é algo extremamente irônico. — Comentou João Pedro.

— Temos de agir rápido. Os neonazistas estão na cidade. — Observou Ali Kazan novamente.

— Está correto, Kazan. Pois bem, temos duas possibilidades; Portugal e Espanha. Tênues, é verdade, são as provas, mas são as duas que temos para decidir. Ou vamos para Portugal, ou para a Espanha. E temos de decidir agora. — Sentenciou o professor Álvares.

— Mas antes, não podemos esquecer, para onde devemos ir. Se é Portugal ou Espanha, temos de saber para onde pode ter sido transportado o tesouro. — Argumentou Ali Aleck.

— Aleck está certo. Quais são as opções que temos? — perguntou Luís Augusto.

— Em ambos, existem inúmeros castelos templários, e a influência da ordem é significativa na história dos dois países. Para sabermos qual o templo que possivelmente recebeu o tesouro, teríamos de fazer um levantamento sobre a história de cada um dos castelos — expôs João Pedro.

— E não temos tempo para isso. Comentou Ali Aleck.

— Temos de ser rápidos.- Concordou Luís Augusto.

— Professor, penso que, pelo fato de, Portugal ter criado uma nova ordem religiosa a partir das propriedades dos templários, é provável, que os mestres da ordem tenham transportado para lá o tesouro. Observe que o Castelo de Tomar é um importante marco na história de Portugal. Apesar de na região onde foi construído já haver outro castelo, os templários decidiram pela construção de outro. E desde a sua construção já se encontram elementos que mostram a importância dele para a ordem.- Explicou Shang Lee.

— Quais elementos, por exemplo? — perguntou Sofia.

— São vários, realmente. Para se ter uma ideia, dizem alguns estudiosos, ele foi construído com base numa angulação específica em relação à linha do meridiano de Paris, fazendo alusão a uma medida da Constelação de Gêmeos. — Explicou João Pedro.

— E não é só. Sua localização era estratégica para a manutenção do território e foi a última cidade templária a ser fundada. — Completou Shang Lee.

— Pelo que dizem, seria Tomar o nosso destino? — perguntou Ali Aleck.

— Dentro das suposições que temos, talvez seja por aí que devemos iniciar nossas pesquisas. — Respondeu o professor Álvares. — Com tudo o que o Castelo de Tomar representa, pode ter sido ali o destino do tesouro de Akhenaton, ou mesmo, tenha alguma prova de seu paradeiro.

— Mas, se esse castelo é tão importante, não poderíamos imaginar que o transporte de um tesouro para ele não chamaria a atenção das pessoas? — perguntou Sofia.

— Pode ser que sim, mas não temos escolha. Da mesma forma, que aconteceu em Roma e aqui em Avignon, pode ser que, achemos algum indício, alguma prova, algum dado que nos ajude, a saber o paradeiro do tesouro. É o único lugar que temos para pesquisar neste momento.- Respondeu João Pedro.

— Então o que estamos esperando? Vamos partir. Não temos tempo a perder. — Falou Luís Augusto já levantando.

Luís Augusto foi seguido pelos demais. Realmente, tinham pressa de abandonar Avignon. A presença dos neonazista representava perigo para eles. Mesmo sem qualquer nova informação já tentaram tirar a vida deles com requintes de crueldade, imaginavam o que fariam, se descobrissem o que acharam no Palácio dos Papas. Mas ao saírem do hotel, tiveram de observar cada passo que davam, se encontravam ou não os neonazistas. Tiveram sorte, não avistaram nenhum daqueles homens e conseguiram sair, partindo para Portugal.

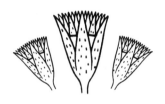

CAPÍTULO XXIX

— É irônico como os fatos se desenrolaram. Partimos de Portugal em direção ao Egito para descobrirmos o paradeiro de Ali Aleck e Shang Lee. Descobrimos que havia um misterioso tesouro de Akhenaton, que poderia ser a pista do sumiço dos dois. Depois de idas e vindas, viagens e aventuras pelo Egito, Israel, Itália, França, agora retornamos a Portugal. — Falou João Pedro ao chegarem à Freguesia de São João Batista. — Tomar é aqui perto.

— E pensar que esse tesouro está tão perto e sequer imaginávamos que existiria até a bem pouco tempo atrás. — Observou Sofia.

— Pois é realmente irônico tudo o que aconteceu até agora. Rodamos por tantos lugares para retornarmos a Portugal. Mas temos de continuar, ainda não chegamos ao tesouro — falou João Pedro.

— Professor, o que realmente faremos quando acharmos o tesouro? Tenho me perguntado sobre isso. Tantos riscos corremos, fomos até enterrados vivos. Além disso, as histórias que nos contam sobre a importância desse tesouro, de tudo o que fizeram desde Akhenaton para protegê-lo. O que acontecerá depois?

— Kazan, essa pergunta é bastante interessante. O que pensam em fazer quando acharmos o tesouro? — perguntou João Pedro aos demais.

Até aquele momento, ninguém tinha pensado nessa hipótese. Estavam em busca do tesouro de Akhenaton e lutando contra o tempo para impedir os neonazistas de se apossarem dele, que nem sequer imaginaram o que fariam quando localizassem-no.

— Fiz essa pergunta, porque, de certa forma, ele pertence ao Egito. Foi lá que o Faraó o criou e temos de levar isso em conta. -Opinou Ali Kazan.

— Mas não podemos nos esquecer de que ocorreram muitas mudanças na sociedade desde a época de Akhenaton até os dias de hoje, Ali. Se lembrarmos bem, Akhenaton criou esse grupo para proteger seu tesouro, porque sabia que os sacerdotes da época iriam se apossar dele. E a ordem dele é expressa: proteger o tesouro até que um dia toda a humanidade possa se usufruir dele. E ele não falou só do Egito. — Arguiu João Pedro.

— E temos de lembrar que essa determinação ocorreu numa época em que os povos eram individualistas. O caráter universalista de sua determinação é claro, toda a humanidade. — Acrescentou Shang Lee.

— Isso é certo, pai. Não é possível falar que esse tesouro pertence ao reino do Egito. O Faraó determinou que ele fosse protegido, para que toda a humanidade o utilizasse. E assim foi feito, sendo transportado de reino em reino para que se mantivesse protegido.- Concordou Ali Aleck.

— E quando será esse momento? — perguntou Luís Augusto.

— Isso, filho, só quem faz parte do grupo que protege o tesouro poderá dizer. Não nos é possível saber. Não agora.

— Mas ainda não sabemos o que faremos quando acharmos o tesouro.", insistiu Luís Augusto.

— Exato. Não sabemos. Mas até agora não sabemos bem o que é o tesouro. Aparentemente, deve haver uma grande quantidade de ouro e muita riqueza cultural também, pois esse ouro pode estar fundido em peças as mais variadas possíveis, que poderiam explicar a história egípcia ou completar algumas lacunas. Na verdade, não sabemos o que acharemos, se acharmos. Assim, fica difícil dizer o que faremos. De qualquer forma, precisamos impedir que os neonazistas o descubram, pois uma riqueza incalculável seria utilizada para o mal. — Disse o professor Álvares.

— Está certo. Agora temos de ir ao Castelo de Tomar para observarmos melhor. Se tivermos sorte, acharemos alguma prova do tesouro. — Falou Ali Aleck.

— Amanhã. Amanhã logo cedo iremos ao castelo. Descansemos hoje. Daremos uma volta pela vila, qualquer coisa. Amanhã iremos ao castelo. — Determinou João Pedro.

Apesar do cansaço das inúmeras viagens, era certo que alguns desejavam ir ao castelo naquele mesmo dia, mas concordaram com a proposta. Talvez, indo logo ao amanhecer poderiam passar todo o dia em suas investigações.

Aproveitaram, pois, o período da tarde para conhecer a Freguesia de São João Batista. Havia vários lugares para ver, como: o patrimônio histórico constituído, majoritariamente, por igrejas, bem como alguns parques florestais. Em especial, dedicaram atenção meticulosa à Mata Nacional dos Sete Montes, que, outrora, pertencera à Ordem de Cristo.

Localizada no meio de um lago, essa mata é uma ilha que tivera por finalidade servir de recolhimento aos monges. Com efeito, o clima bucólico do local proporcionou momentos de reflexão a todos. Mas o que terão pensado? Isso, somente eles poderiam dizer, mas se resguardaram no silêncio de seus pensamentos. Provavelmente, pensavam na busca ao tesouro que empreenderam até aquele momento. Talvez, pensassem na abrupta mudança da rotina que tiveram nessas férias no hemisfério norte. Talvez, tivessem atentado a tudo o que tinham visto, conversado, aprendido, vivido até aquele momento. Talvez, simplesmente, observavam a paisagem local, respirando o ar puro, aguardando o que viria dali para frente.

Reservaram-se todos a manter para si próprios a experiência de ficarem contemplando aquela paisagem. Porém, ao saírem talvez sentissem a proximidade que havia entre eles e sentiam que estavam todos entre amigos. Pois desde o começo, uns ajudavam aos outros e, por vezes, nem sequer notavam quanto havia de respeito entre eles ou até reconhecessem nas diferenças, que carregavam em suas histórias de vida, a semelhança que há nos anseios, nas dúvidas, nos desejos, nos sonhos de cada um.

Naquele dia conversaram pouco, talvez para manter intacto, por alguns instantes a mais, a sensação de paz sentida na Mata Nacional dos Sete Montes. Mesmo os que, silenciosamente, não concordaram com aquele descanso, agora sabiam quanto tinha sido útil.

No dia seguinte, levantaram-se cedo, tomaram o café da manhã e partiram revigorados para o Castelo de Tomar. Sentiam-se diferentes, como se estivessem iniciando nesse momento as buscas. Ademais a expectativa de se aproximarem do tesouro dava mais forças para que continuassem a procura pelo tesouro.

O Castelo de Tomar não ficava longe da Freguesia de São João Batista. Ao chegarem, puderam contemplar a imponência daquela construção, que apresenta fortes elementos românicos em sua construção, mas também tem influências góticas e renascentistas.

— O Castelo de Tomar jamais parou de receber acréscimo pela Ordem dos Templários ou pela sua sucessora, a Ordem de Cristo. — Observou inicialmente João Pedro.

— Esta construção é tão imponente que jamais foi derrotada. — Completou Shang Lee. — Mesmo quando os mouros retomaram algumas terras da atual região central de Portugal, aqui em Tomar foram rechaçados.

— Pois bem, junto ao castelo há o Convento de Cristo, o qual se encontra em bom estado de conservação. Como o castelo foi aumentando seu tamanho ao longo do tempo, é possível que encontremos alguma coisa no setor mais primitivo... — começou a explicar João Pedro.

— Por quê? — interrompeu Luís Augusto.

— Pelo simples fato de que, em Jerusalém, foi nos vestígios da primeira muralha do muro do templo que o grupo de Akhenaton deixou sua marca. Ademais, devemos ressaltar que a parte mais antiga do templo, a Charola, foi construída, segundo alguns pesquisadores, com base na Rotunda do Santo Sepulcro de Jerusalém. — explicou João Pedro.

— Como o simbolismo é algo marcante para os templários, podemos crer que essa construção possa ter algum sinal oculto.- , Completou Shang Lee.

— E não podemos nos esquecer de que foi aqui no Castelo de Tomar a sede da Ordem de Cristo. — Acrescentou o professor Álvares.

— E onde devemos procurar? — perguntou Ali Aleck.

— Pois bem, a primeira coisa é irmos à Charola central, ao lado da igreja e do claustro principal, que é inspirado na Rotunda do Santo Sepulcro de Jerusalém. Talvez ali tenhamos alguma coisa.- Respondeu o professor.

Dirigiram-se, pois, ao local indicado. A Charola é composta de oito colunatas, de forte influência oriental.

— Percebem a característica desta obra? — perguntou João Pedro.

Mas antes que recebesse alguma resposta, acrescentou.

— Há aqui forte influência dos padrões orientais de construção. Além disso, percebe-se que os templários tentaram reproduzir aqui, como em outros templos erigidos por eles, a mesma forma adotada na construção da Rotunda do Santo Sepulcro de Jerusalém.

— Talvez, tentassem deixar uma mensagem implícita... -comentou Ali Aleck.

Sem que houvesse algum comentário ou que Ali Aleck se explicasse melhor, Luís Augusto insistiu.

— Mensagem implícita?

— Sim, Luís Augusto. Como o professor descobriu, no primeiro Templo de Jerusalém, a primeira e a segunda partes da frase: "O tesouro está nos olhos de quem sabe olhar, nos ouvidos de quem sabe ouvir..." — é possível que, utilizando-se da sua forma, poderiam deixar uma mensagem.

— Mas que tipo de mensagem? — perguntou seu pai, Ali Kazan.

— Não sei bem, mas lidamos com um grupo de pessoas que gosta de deixar mensagens cifradas.

— É certo. Tudo é possível. Por isso temos de nos dividir e procurar alguma coisa. Como somos três historiadores, cada um vai para um lado acompanhado de mais uma pessoa que irá ajudar nas buscas. À hora do almoço nos encontramos na praça do claustro principal. — Determinou João Pedro. — Eu irei com minha esposa, Sofia, Ali Kazan acompanha seu filho, Ali Aleck, e Luís Augusto, você vai com Shang Lee. Prestem atenção a tudo e não esqueçam de que qualquer detalhe pode ser importante.

Dividiram-se conforme o combinado e seguiram cada grupo por um caminho diferente. João Pedro e Sofia ficaram observando a charola e a igreja do Convento de Cristo. Ali Kazan e Ali Aleck decidiram investigar em outros pontos do castelo, em especial na cozinha e refeitório e outros ambientes, enquanto Shang Lee e Luís Augusto iniciaram as investigações na parte externa do castelo.

Todos observaram, atentamente, mas não localizaram nada. Nada lhes chamava a atenção a ponto de indicar alguma pista.

Reuniram-se na hora do almoço.

— Acharam algo? — perguntou João Pedro.

— Nada. — Respondeu Shang Lee.

— Nada aqui também. — Afirmou Ali Aleck.

— E nós não tivemos melhor sorte. — Completou João Pedro.

— Não podemos desanimar. Se os templários deixaram alguma mensagem aqui, deve estar muito bem escondida, senão já teria sido descoberta antes. — Tentou incentivar Sofia.

Concordaram com a cabeça, outros com murmúrios, mas todos pensativos para onde seguir as investigações.

— E se estiverem enterradas, como em Jerusalém e Roma, ou ocultas como em Avignon? — perguntou Sofia.

"Pode ser que sim. Viram alguma coisa?", perguntou João Pedro.

— Não, não observamos nada -, respondeu Luís Augusto.

— Nem nós. Mas poderíamos prestar mais atenção. — Completou Ali Aleck.

— Pois bem, tiremos o resto do dia para descansarmos e, sobretudo, colocarmos em ordem o que já descobrimos aqui, o que vimos neste castelo. Talvez trocando algumas informações possamos descobrir algo. — Determinou João Pedro.

Com efeito, a sensação de fome deve ter animado principalmente os homens, a aceitar aquela decisão. Enquanto almoçavam, pouco falaram sobre as impressões do castelo. Refletiam sobre o que tinham visto.

Após o almoço reuniram-se novamente para relatarem o que haviam descoberto. Apesar de não terem localizado nada a respeito do tesouro até aquele momento, ficaram impressionados com aquela construção. Mesmo os portugueses admiraram aquele monumento, repleto de histórias e lendas. Agora que estavam mais informados sobre o real objetivo dos templários, enxergavam o castelo de Tomar com outros olhos.

— Hoje, me parece, não foi um dia muito positivo para nós. Pelo menos em nossas pesquisas em relação ao tesouro de Akhenaton. — Começou o professor Álvares. — No entanto, apesar de não havermos descoberto nada, é possível dizer que podemos ver um castelo repleto de história.

— Para quem aprecia, é, sem dúvida, uma grande oportunidade. — Argumentou Ali Aleck.

— E mesmo para quem não gosta, filho, deveria aprender a admirar o trabalho e respeitar. — Completou Ali Kazan.

— Os dois estão certos. O castelo é formidável não acharam? -continuou João Pedro.

Todos concordaram, mas sem muitas manifestações. Parecia que o objetivo de todos era se centrar no castelo.

— Pois bem, começarei a descrever o que vimos na charola do Convento de Cristo. Como já sabemos, é baseada na Rotunda do Santo Sepulcro. Os afrescos são passagens bíblicas e não localizamos, ainda que, a observação tenha sido superficial, qualquer pedra que se destacasse para que ali procurássemos alguma mensagem oculta.- Iniciou João Pedro.

— Realmente foi isso que vimos. A charola, a igreja e ambientes próximos estavam muito bem preservados e todas as pedras muito bem encaixadas. Não notamos se havia alguma pedra destoando ou diferente. — Completou Sofia.

— Porém, repito, não nos atentamos muito a esses detalhes. Precisamos olhar novamente. — Acrescentou João Pedro.

— Na cozinha, no refeitório, no forno e na sala dos copistas, tudo está em ordem. Não notamos nada de diferente. — Também se posicionou Ali Aleck.

— Apesar de tudo, podemos rever tudo para nos certificarmos — disse Ali Kazan.

— Aliás, há muitas reentrâncias na parede. É possível que não tenhamos prestado atenção a tudo. — Expôs Ali Aleck.

— Já no lado externo, preferimos fazer um apanhado de possíveis lugares onde poderíamos achar alguma mensagem. Mas nosso levantamento não é muito animador. Há vários possíveis lugares. — Falou Shang Lee.

— Ou seja, encontraram muitos lugares. — Asseverou João Pedro.

— Exatamente. Pelo que notamos, tudo segue um padrão, com inúmeros detalhes. É possível que todas as formas adotadas, as medidas, a construção, tudo tenha um significado. E isso torna difícil nossa pesquisa, à medida que não conseguimos identificar essas medidas e qual a razão delas. — Respondeu Shang Lee.

— Mas temos de continuar. Não podemos nos esquecer de que há pessoas com intenções perigosas e obscuras querendo se utilizar do tesouro para fins escusos. — Comentou João Pedro.

—Todo o castelo está muito bem cuidado. É difícil encontrarmos alguma coisa. — Comentou Luís Augusto.

— Não se precipite, filho. Em Avignon, nós encontramos uma pista, e aqui encontraremos também.

— Certo. Fizemos uma análise superficial do castelo e não achamos nada. O que faremos agora? — perguntou Sofia.

— Repetiremos o que fizemos hoje. Amanhã voltaremos ao castelo para analisarmos com mais cuidado os lugares. Não podemos deixar passar nada. — Respondeu o marido.

Como já era tarde, deixaram para o dia seguinte, continuar as investigações. Acordariam cedo a fim de aproveitarem o dia para as análises.

No dia seguinte, como o combinado, foram ao Castelo de Tomar e, aos pares como no dia anterior, foram investigar os diferentes lugares. E combinaram se encontrar ao horário do almoço para decidirem o que fazer e relatar o que descobriram.

As buscas pareciam infrutíferas, apesar de prestarem atenção a cada detalhe. À hora do almoço se encontraram. Mas dessa vez não iriam almoçar.

— Pai, nós não fomos ainda, mas vimos um lugar que, talvez, possa ter alguma coisa.

— E onde é?

— É a charolinha, um pequeno nicho, localizada na Mata Nacional dos Sete Montes. Parece ser uma construção antiga e que pode, sim, ter alguma coisa guardada.

— Vamos até lá. Não custa tentarmos. — Determinou João Pedro.

Não demoraram a encontrar a charola.

— Realmente aqui é um lugar que pode ter algo. — Falou João Pedro, iniciando as investigações. — Procurem por todo o lugar, talvez consigamos encontrar algo.

— Será que há algo aqui dentro? - perguntou Luís Augusto, apontando para as grutas que havia ao lado da charolinha. — Elas foram construídas para guardar alguma coisa. — E dirigiu-se para observá-las.

Procuravam ansiosamente por alguma pista, mas nada localizavam.

Até que Ali Kazan prestou atenção a uma pequena escada de sete degraus que havia ao lado da charolinha. A escada e o pequeno muro eram todo feito de pedras, mas uma em especial chamou-lhe a atenção.

— Há aqui umas marcas.

Todos pararam de procurar e se dirigiram ao local onde Ali Kazan procurava.

— Achou alguma coisa? — perguntou João Pedro.

— Acho que sim. Observe as pedras. Nenhuma tem marcas. Apenas são velhas e estão desgastadas com o tempo. Mas esta é diferente. Tem umas pequenas marcas.

Todos observaram a marca. Era um corte, bastante reto, na lateral de cima da pedra e nos ângulos inferiores o mesmo tipo de corte, apontados para o corte superior, todos estavam um pouco encobertos pelo desgaste natural.

— Sim, esta pedra tem umas marcas estranhas. — Comentou Luís Augusto.

— Se imaginarmos juntar os três pontos, temos um triângulo equilátero. — Observou Ali Aleck.

— Aliás, esta escada tem sete degraus. — Completou Shang Lee.

— Não entendi a correlação. O que há de especial na escada com sete degraus e na figura do triângulo? — perguntou Sofia.

— Bom, como já comentamos, para os templários tudo tinha um significado, sobretudo os símbolos. Pois bem, tudo o que faziam deveria ter um significado, deixar uma mensagem oculta. E o número sete e o triângulo são elementos bastante carregados de significado. -Iniciou a explicação o professor Álvares.

— Mas qual é o significado? — insistiu Luis Augusto.

— Bom, o que é importante saber agora é que os números carregam inúmeros significados. Por exemplo, o número um: representa a divindade, a unidade. Por seu lado, o número três: significa, para a crença cristã, a trindade. Já o doze: é carregado de significado, pois faz alusão às doze tribos de Israel, os doze apóstolos de Cristo. E assim ocorre com vários outros números. — Explicou João Pedro.

— E o número sete? — perguntou Sofia.

— O número sete tem vários significados. No judaísmo encontramos o candelabro com sete hastes, sete dias da semana... — começou a explicar Shang Lee.

— E foi no sétimo que Deus descansou. — Completou João Pedro.

— Exato. Vemos também esse significado nas cores do arco-íris. No cristianismo encontraremos esse número no Livro da Revelação. E muitos outros exemplos podemos citar, se quiserem. Continuou Shang Lee.

— Pois bem, é evidente que resumimos bastante o significado dos números. Porém é fácil notar o significado numérico oculto nesta escada. Aqui vemos sete degraus. Dissemos algumas coisas apenas para aclarar a importância desses significados ocultos nas obras. — Finalizou João Pedro.

— E o triângulo? — perguntou Ali Kazan.

— As formas geométricas, as cores, os números, os aromas, os sons, tudo tem um significado, possui um simbolismo, Ali. Assim o triângulo tem um simbolismo oculto... — começou a explicar o professor Álvares.

— E qual é? — interrompeu Luís Augusto.

— O triângulo, para muitas religiões, é o símbolo do sagrado, do divino. E o encontramos desde o Egito antigo, e podemos encontrá-lo em várias representações. Na bandeira de Israel, por exemplo, vemos uma estrela de seis pontas, a Estrela de Davi, que é formada por dois triângulo equiláteros invertidos. Aliás, o triângulo equilátero é uma figura harmônica, que possui os três ângulos e três faces iguais, simbolizando o equilíbrio. E podemos citar outros casos, inúmeros, aliás, da representatividade do triângulo nas religiões de todos os cantos do planeta. — Explicou João Pedro.

— E se notarmos bem, o professor fez alusão ao Egito e Israel, lugares que, já sabemos, o tesouro esteve. — Corroborou Shang Lee.

— E não podemos esquecer que o símbolo *Olho de Hórus* é encontrado, algumas vezes, inserido num triângulo. O *Olho de Hórus* é símbolo de proteção e poder. E esse deus, para a cultura egípcia, é o deus dos céus. Faz parte da tríade junto com Osíris e Ísis. — Explicou Ali Aleck.

— Bem observado, Ali Aleck. E a tríade aparece em outras religiões, como no cristianismo, no hinduísmo, taoísmo e outras. -Acrescentou João Pedro.

— Então, pelo que dizem, talvez aqui tenhamos alguma coisa, escondida atrás desta pedra. — Resumiu Sofia.

— Sim, é provável que tenhamos algo aqui. — Respondeu o professor.

— E faremos como fizemos em Avignon? — insistiu a esposa.

— Acredito que teremos de fazer algo parecido. Mas temos de agir com rapidez, pois aqui não conseguiremos ficar escondidos toda a noite. Teremos de ser rápidos. Enquanto dois arrancam a pedra, outros ficam. Os demais ficarão nos caminhos de acesso, prestando atenção para que ninguém nos surpreenda. — Determinou o professor português, sem ser questionado. — Mas isso, só amanhã, hoje iremos preparar tudo o que precisamos.

Com efeito, tiraram o resto da tarde nos preparativos para o dia seguinte. Ferramentas, cimento, caderno de anotações, tudo o que já tinham feito em Avignon, agora fariam em Tomar. Apesar da nova ansiedade, *know-how* para a empreitada já tinham, principalmente João Pedro Álvares e Shang Lee.

CAPÍTULO XXX

O dia seguinte, começou da mesma forma como os outros. Logo cedo acordaram, mas agora a ansiedade tinha origem em causa diferente. Se antes era pela possibilidade de localizarem o tesouro em Tomar, agora era pelo receio de serem apanhados. Acreditavam que tiveram alguma sorte no Egito, quando foram aprisionados em uma galeria próxima à esfinge da planície de Gizé. Ou em Roma e Avignon, quando viram os neonazistas, mas conseguiram sair das cidades sem serem percebidos. Acrescente-se que tiveram inúmeras ajudas, às vezes, até sem esperarem ou surpreendentes, como ocorreu no Egito, em Israel e na Itália. Assim, com tamanha sorte, temiam que, em algum momento, ela terminasse.

Mas não queriam desistir. Tinham chegado até ali e mais um desafio não os impediria de continuar a busca. Tinham de seguir em frente.

Levavam consigo tudo o que precisariam para a empreitada.

As ferramentas para arrancar a pedra, o cimento para prendê-la, bloco de anotações, enfim, conferiram diversas vezes os objetos para não acontecer nenhum imprevisto.

Seguiram para a Mata Nacional dos Sete Montes, nas imediações do Castelo de Tomar. Conforme o combinado, dividiram-se para vigiar. Sofia posicionou-se na parte da frente, Ali Aleck ficou no caminho que subia em direção à charolinha, e Ali Kazan no outro lado do mesmo caminho. Já Luís Augusto iria ajudar João Pedro e Shang Lee, para que não tardassem nas investigações.

Colocaram em prática as atividades.

— Pelo menos já aprendemos um ofício, para quando eu parar de ensinar. — Comentou João Pedro com Shang Lee, enquanto, cuidadosamente, arrancavam a pedra.

— Tome cuidado, professor, para não danificá-la.

— Eu sei, mas precisamos agir rapidamente.

Enquanto observava o pai e Shang Lee arrancarem a pedra, Luís Augusto observava que havia uma pequena ponte por sobre a piscina circular que ligava a charolinha à margem. Notou que não havia água ali.

Shang Lee e João Pedro trabalhavam rapidamente. Até que arrancaram a pedra.

— Há algo aqui, professor.

Era uma caixinha de madeira, parecida com aquela que encontraram no Palácio dos Papas em Avignon, com a mesma cruz templária entalhada. Abriram-na rapidamente e acharam um pergaminho.

— Está em latim... Está escrito: "O tesouro está nos olhos de quem sabe olhar, nos ouvidos de quem sabe ouvir e no coração de quem sabe sentir. — É... — disse João Pedro.

— É a mesma frase que encontramos em Roma. — Observou surpreso Shang Lee.

— Exatamente!

Mas nesse instante Luís Pedro os chamou:

—Vejam aqui, achei uma coisa! Parece-me que está escrito em latim!

João Pedro levantou-se e deixou Shang Lee fazendo as anotações e foi ver o que Luís Augusto tinha achado.

— Aqui temos uma cruz templária também. Está escrito: "O tesouro que nasce no Oriente brilha no Ocidente. O seu brilho é maior que o brilho do ouro reluzente, e não servirá à vaidade de um só homem, mas está destinado a servir a todos os filhos de Deus. — Esta frase é a mesma que achamos em Avignon. Aqui temos um... um olho de Hórus, envolto num triângulo! — disse João Pedro.

— Olho de Hórus? Aqui? — interpelou Luís Augusto.

— Sim, é o que temos aqui. E mais em baixo há uma cruz da Ordem de Cristo. E há mais uma frase aqui: "Siga os passos certos. O que está oculto revela o tesouro. Ache o caminho e achará o tesouro." O que significará isto? — continuou João Pedro.

— Pai, então devemos estar perto, pois as duas frases estão juntas. E tem mais essa outra. — Comentou entusiasmado Luís Augusto.

— Pode ser. Mas vamos ajudar Shang Lee para não deixarmos nenhuma marca do que fizemos.

Rapidamente, recolocaram a pedra no lugar e apagaram qualquer vestígio do que tinham feito. Os demais se reuniram a eles.

— Parece que já temos alguma coisa aqui para pensarmos sobre qual o destino do tesouro. — Expôs João Pedro após se afastarem do local onde fizeram as investigações.

— Será que está aqui em Tomar? — perguntou Sofia.

— Ainda não sabemos, mas temos o que analisar. Há aqui muita informação deixada pelos templários, ou melhor, pelo grupo de Akhenaton, e temos descobrir qual a mensagem que deixaram ou o local onde está ocultado o tesouro. — Respondeu João Pedro.

— Temos o dia todo ainda. Iremos fazer mais alguma investigação no castelo ou iremos a outro lugar para averiguarmos o que podemos descobrir? — perguntou Ali Aleck.

— Vamos sair daqui. É melhor ficarmos longe daqui, pelo menos por hoje. Caso aconteça alguma coisa, nós não seríamos investigados. E anonimato é tudo o que precisamos agora. — Respondeu o professor Álvares.

Seguiram, pois, a determinação do professor. Saíram e dirigiram-se ao centro da freguesia, um lugar público onde não levantariam suspeitas. Acomodados todos, João Pedro começou a expor:

— Pois bem. Temos a seguinte situação. Descobrimos uma frase fazendo alusão ao tesouro e que está escrita em três lugares diferentes de forma fragmentada: " O tesouro está nos olhos de quem sabe olhar, nos ouvidos de quem sabe ouvir e no coração de quem sabe sentir." Quem escreveu essa frase, em diferentes momentos históricos, foi um grupo criado por Akhenaton para proteger o seu tesouro. Descobrimos também que em Avignon há outras frases. No entanto, uma delas se destaca: "O tesouro que nasce no Oriente brilha no Ocidente. O seu brilho é maior que o brilho do ouro reluzente, e não servirá à vaidade de um só homem, mas está destinado a servir a todos os filhos de Deus." As outras se referem, aparentemente, a uma circunstância específica, que foi o fim da Ordem dos Templários.

— Certo. — Respondeu Ali Aleck.

— Pois bem, e em aqui em Tomar achamos não só essas duas frases, como uma terceira: "Siga os passos certos. O que está oculto revela o tesouro. Ache o caminho e achará o tesouro." Ela é um pouco diferente das demais, pois aquelas são muito vagas, mas esta, apesar de ter um significado oculto que ainda não descobrimos, indica algo, um caminho, que precisamos encontrar. — Continuou o professor.

— Exato.- Concordou novamente Ali Aleck, sendo seguido por Shang Lee.

— O que vocês acham destas frases? — indagou o professor.

— Pois bem, antes de analisarmos as frases especificamente, quero destacar que a mesma caixinha que encontramos em Avignon, nós achamos aqui em Tomar, inclusive com os mesmos símbolos e pergaminhos com as mensagens. Isso mostra que há realmente uma ligação entre os dois fatos. — Frisou Shang Lee.

— Sim, é verdade. Isso é importante. — Concordou João Pedro.

— Minha opinião é que estamos perto de alguma coisa. Até então, o que achávamos eram mensagens cifradas, às vezes, ‚incompletas. Mas aqui foi diferente. Encontramos as duas frases anteriores e mais outra, já indicando um caminho onde devemos procurar. — Falou Luís Augusto.

— O mais importante, Luís, é vermos o padrão dos sinais. Em Akhetaton, quando localizamos a primeira parte da frase fragmentada, também achamos escrito o nome do Faraó, considerado a representação dos deuses, até mesmo um deus, para o povo do Egito antigo. Em Jerusalém, junto com a primeira e a segunda partes dessa frase, havia escrito, em aramaico, o nome de Deus. Isso demonstra que havia ali algo muito importante, pois os judeus não se utilizam desse símbolo sem que haja um motivo muito forte. E em Avignon e aqui em Tomar, as frases estavam sempre identificadas com a cruz templária.- Observou Ali Aleck.

— Certo, mas em Roma nós não vimos se havia algum símbolo junto das frases. Apenas recebemos um bilhete constando as frases que estão sob o obelisco. — Contrapôs Shang Lee.

— E o padre com quem conversei em Roma, não me informou sobre a existência ou não de algum símbolo. — Acrescentou João Pedro.

— Talvez isso não venha ao caso. Talvez realmente tenha um símbolo em Roma, mas que serve apenas para identificá-la. Apenas isso. — Observou Sofia.

— Sim, concordo com a senhora. Os símbolos indicam quem foi que deixou a mensagem e quando. — Concordou Ali Kazan.

— Isso é um ponto importante. Os símbolos mostram a época em que foram escritas as frases e são sinais que, na época em que foram grafados, eram importantes. Quem os gravou, queria deixar claro a importância da frase. — Destacou Shang Lee.

— Exatamente. É o que penso também... — começou o professor Álvares.

— Mas precisamos descobrir o que isso significa, principalmente, essa última. Está claro, pelo menos para mim, que as frases são interligadas. — Interrompeu Luís Augusto.

— Pois bem, vejamos o seguinte. Já sabemos que a primeira frase, que está fragmentada se refere, evidentemente, ao tesouro. Duas das frases que achamos, em Avignon, mostram que apesar de o rei Filipe IV da França ter conseguido por fim à Ordem dos Pobres Cavaleiros de Cristo e do Templo de Salomão, não conseguiu se apoderar do principal tesouro que os templários protegiam, o tesouro de Akhenaton. Porém, a primeira frase, a mais enigmática, que também está aqui em Tomar, bem como esta outra que achamos apenas aqui, escondem algo, muito provavelmente alguma informação sobre o paradeiro do tesouro. — Continuou João Pedro.

— Mas não há qualquer indicação de um local. É uma frase muito vaga: "Siga os passos certos. O que está oculto revela o tesouro. Ache o caminho e achará o tesouro". O que significa isso? Não existe nenhuma indicação. — Comentou Sofia.

— Exatamente, mas não podemos lamentar. Devemos, sim, analisar os elementos que temos. Já sabemos que o grupo de Akhenaton, através dos tempos, deixou mensagens codificadas para que o tesouro ficasse protegido. Em todos os lugares deixavam símbolos. Pois bem, isto já é um indício de onde procurarmos... — respondeu João Pedro.

— Mas há símbolos em todos os lugares, como iremos achar algum lugar? — interrompeu Luís Augusto. — Onde devemos procurar?

— Calma, devemos agir com calma. Se nos precipitarmos, podemos pôr tudo a perder. — Expôs João Pedro.

— Está certo, professor. Já temos alguns indícios da rota seguida pelo tesouro a partir de Akhetaton até chegar a Portugal. Precisamos descobrir se aqui foi a última parada ou há mais lugares para procurar.

—Voltou Shang Lee ao ponto central de interesse do grupo.

— Se o tesouro não está aqui em Tomar, para onde poderia ter sido levado? — Perguntou Ali Kazan após um breve silêncio onde todos refletiam.

— Lembrem-se de que deduzimos que o tesouro não necessariamente esteve aqui, ou em Avignon, ou em Roma, já que poderia atrair a atenção da população a movimentação de algo desse gênero. Ou o transporte foi realizado a noite, ou de forma oculta, o que levaria muito tempo...- argumentou Ali Aleck.

— O que é claro, não poderia ser feito no caso do fim dos templários. — Acrescentou Shang Lee.

— A não ser que já soubessem do iminente fim da ordem e tivessem transportado antes o tesouro. — Contrapôs-se Luís Augusto.

— Mas mesmo assim, correlegionários do rei da França ou membros do clero teriam percebido algo. E isso seria comunicado ao rei francês ou ao papa.. — Falou Sofia.

— Exato. É improvável que se arriscassem tanto. Desde o começo, quando terminou o reinado de Akhenaton há quem tentasse se apossar do tesouro; e os seguidores do Faraó sempre souberam protegê-lo. Não cometeriam esse erro, de deixá-lo num lugar que o exporia. — Concordou João Pedro.

— Ou seja, deixavam as mensagens em lugares estratégicos, mas não necessariamente lá estivesse o tesouro. — Arguiu Ali Aleck.

— Então, onde procurar? — insistiu Ali Kazan.

—Temos de descobrir o significado dessa frase: "Siga os passos certos. O que está oculto revela o tesouro. Ache o caminho e achará o tesouro". Se encontrarmos a pista dessa mensagem, talvez chegaremos ao tesouro. Mesmo porque, as demais frases indicam exatamente isso. Uma, fala sobre a existência do tesouro; outra, quem o protege; outra ainda, o caminho dele, saindo do Egito e indo para o ocidente; outras, acerca da perseguição de Filipe IV da França; e agora esta, que fala de seguirmos um caminho oculto. — Resumiu João Pedro. — Aqui está a chave. Qual é o caminho oculto? Que caminho oculto é esse? É aqui que devemos nos concentrar.

— Significa que não, necessariamente, o tesouro esteve aqui... — observou Luís Augusto.

— Sim, existe essa possibilidade. Mas não importa saber se esteve, precisamos saber onde está. Isso é o que temos de fazer; descobrir o paradeiro. — Respondeu o professor.

— E isso significa descobrir qual o caminho. — Falou Sofia.

— Pois é isso mesmo. — Respondeu o esposo.

— Professor. Vamos analisar o que as frases dizem. Se o tesouro caminhou do Oriente para o Ocidente, do Egito até em Portugal, é improvável que tenha retornado para o Oriente. — Iniciou sua linha de raciocínio Ali Aleck.

— Sim, podemos supor que isso seja verdade. A frase diz, exatamente, isso e não há qualquer outra contradizendo-a.

— Significa que os templários confiaram na aliança que tinham com a realeza portuguesa e que aqui iriam proteger o tesouro. — Continuou Ali Aleck.

— Até o momento em que deixaram essa frase, isso parece ser verdade. — Concordou o professor.

— Mas, se não há contradições nessas frases. Significa que estaria aqui ainda.- Continuou o jovem egípcio.

— Ou caminhou mais para o oeste. — Observou seu pai.

— E nesse caso, mais a oeste, seria a América. No caso português, o Brasil. — Continuou Shang Lee.

— Podemos supor isso, mas antes temos de descobrir se isso realmente teria acontecido. Até agora chegamos a Portugal, mas não vimos nada, com exceção dessa viagem do Oriente ao Ocidente do tesouro. Além disso, temos de descobrir o que significa caminho oculto. — Observou João Pedro.

— Mas se analisarmos os descobrimentos, o Oceano Atlântico era um mar intransponível,portanto os povos temiam desafiá-lo, pois achavam que chegariam ao fim do mundo e coisas do gênero. Talvez seja aí o caminho oculto. — Propôs Shang Lee.

— Shang Lee, não subestime o conhecimento dos navegadores. Os documentos históricos mostram que a América já era conhecida, antes da chegada, ao novo continente, dos primeiros desbravadores europeus. Além disso, teríamos de usar muita imaginação, para pensar no mar como um caminho.- Objetou João Pedro.

— Aliás, levou certo tempo para que os portugueses passassem a dar atenção ao Brasil. A intenção dos navegadores portugueses era encontrar uma rota para as Índias e fazer comércio, já que os seguidores de Alá dominavam o Mar Mediterrâneo. E as Índias, nós sabemos, fica no Oriente. E não seria lá o destino do tesouro, observando essas frases.- Explicou Ali Aleck.

— Exatamente. O período que se segue à formação da Ordem de Cristo e culmina com os descobrimentos, tem como objetivo abrir o comércio com as Índias. Achou-se um caminho, é verdade, que é a rota contornando o continente africano, mas não é um caminho oculto. — Finalizou João Pedro.

— Professor, e se a palavra caminho não se referir a um lugar onde devemos passar? — perguntou Ali Kazan.

— Como assim?

— E se significar que são nos símbolos que devemos achar o caminho?

— Se estiver certo, significa que temos de encontrar lugares com mensagens ocultas, símbolos, para localizarmos o paradeiro do tesouro. — Observou seu filho Ali Aleck.

— E a Europa está cheia de lugares assim.

— Mas se observarmos as mensagens, podemos nos resumir nas buscas somente a Portugal, porque Portugal é a terra mais a oeste da Europa. Se nada acharmos aqui, se não estiver em Portugal, sabemos que podem ter transportado para a América. — Concordou João Pedro.

— No Brasil. — Acrescentou Luís Augusto.

— Mas antes, quais são os lugares que possuem signos, símbolos ou qualquer outro detalhe que possa transmitir uma mensagem oculta aqui em Portugal? Aí será nossa próxima parada. — Falou João Pedro.

— Bom, existem vários lugares. Mas temos de considerar um lugar que merece atenção especial. — Falou Shang Lee.

— E qual é esse lugar? — perguntou Sofia.

— Já sei a qual se refere, Shang Lee. É a Quinta da Regaleira, em Sintra. — Antecipou-se o professor Álvares. — Mas ele foi construído bem depois do Castelo de Tomar ter perdido sua importância política e militar.

— Mas isso não impediria que o grupo de Akhenaton deixasse as mensagens. Pode ser que o tesouro tenha ficado guardado em algum lugar até que surgisse o Castelo da Regaleira e para lá fosse transportado. O tesouro esteve mudando diversas vezes de local. Quem sabe não sofreu outra, quando o castelo ficou pronto? — observou Shang Lee.

— O que tem lá? — perguntou novamente Sofia.

— A Quinta da Regaleira é uma construção que foi idealizada e realizada, nas conformações atuais, entre 1904 e 1910. Pelo menos a maior parte dela... — começou a responder João Pedro.

— Mas o que há de tão especial nesse castelo? — insistiu Sofia.

— O idealizador do castelo tentou transmitir, através do seu castelo, sua visão do mundo, influenciado pelo ocultismo e pelo simbolismo, bem como o que sentia em relação às impressões que recebia dessas correntes. É um castelo que transcende à questão do regionalismo, à medida que incorpora elementos, segundo o autor, universais. — Explicou João Pedro.

— Pelo menos, é o que diz oficialmente a história. — Observou Shang Lee.

— Sim, exatamente. Se pensarmos que possa haver uma influência do grupo de Akhenaton aqui... Mas voltando à explicação do castelo, seu arquiteto queria transformá-lo numa "viagem iniciática", ou seja, todo o castelo e suas adjacências tornam-se instrumentos para o autoconhecimento.

— Então a Quinta da Regaleira é o local para onde devemos ir -, perguntou Luís Augusto.

— Se esse é o nosso próximo passo, partamos. — Sentenciou Ali Aleck.

CAPÍTULO XXXI

Mas o que parecia ser mais uma viagem em busca do tesouro, revelou-se mais dramática. Ao retornarem à pousada onde estavam alojados, viram novamente os três neonazistas.

— Não é possível que até aqui iremos encontrar com eles! — surpreendeu-se Luís Augusto.

— E estão na nossa pousada! — acrescentou surpreendido Ali Kazan.

— Pois devemos evitar ir lá por ora. Fiquemos escondidos aguardando o que farão. — Determinou João Pedro.

— Será que também encontraram no palácio dos papas as mensagens ocultas?- perguntou Sofia.

— É provável que sim. E o pior é que se instalaram na nossa pousada. — Respondeu o professor Álvares. — Aguardemos.

Com efeito, esperaram até o fim da tarde, quando os três saíram, tomando o rumo do Castelo de Tomar. Não notaram a presença do grupo do professor Álvares. Após os três sumirem por entre as vielas, João Pedro, seguido de seus companheiros, dirigiram-se à pousada, mas antes deu a seguinte recomendação:

— É muito perigoso continuarmos aqui com eles. Temos de sair daqui o mais rápido possível. Enquanto tomo algumas informações com a recepcionista, vocês arrumam nossas coisas, pois sairemos o mais rápido possível.

— Será que teremos de encontrar com esses neonazistas sempre? — perguntou indignado Luís Augusto, sem, no entanto, receber resposta.

Conforme o combinado, seguiram à pousada e cada um foi tomar as providências para a partida. João Pedro, enquanto isso, tentaria alguma informação sobre o que queriam aqueles três neonazistas, como se não soubesse a resposta do que procuravam e encerraria a conta do seu grupo.

— Então — falou João Pedro à recepcionista — estamos de partida... Poderia encerrar a nossa conta? Aliás, notei que há muitos hóspedes aqui hoje. É sempre cheio assim?

"Sim, é claro. Gostaram do passeio? Aguarde um momento enquanto fechamos sua conta, por favor. Temos grupos que vêm aqui o ano todo.

— Sim... — hesitou um pouco o professor. — A freguesia é muito calma, tranquila. E o castelo de Tomar é um lugar único. Para um historiador, como eu, ir ao castelo é mais do que um simples passeio.

— E vêm muitos estrangeiros? — insistiu o professor.

— Sim, sempre temos grupos de fora. Querem conhecer o castelo.

Enquanto aguardava e tentava obter alguma informação, seus companheiros já haviam deixado o quarto e se reuniram no rol do hotel. Após breve espera, recebeu a conta. O professor acertou a conta e quando se virava para retornar ao seu grupo, a recepcionista o chamou:

— Senhor, eu ia me esquecendo, uns hóspedes que chegaram hoje deixaram uma carta para o senhor. Aqui está.

Nesse momento o professor paralisou. Ninguém conhecido sabia que estavam ali. Pegou a carta demonstrando desconforto e insegurança e virou-se para lê-la com o restante de seu grupo. Abriu-a e leu o que estava escrito. Havia três frases:

"O tesouro que nasce no Oriente brilha no Ocidente. O seu brilho é maior que o brilho do ouro reluzente, e não servirá à vaidade de um só homem, mas está destinado a servir a todos os filhos de Deus.'

"O segredo venceu o egoísmo. Felizes os que reconheceram.'"

"13 de outubro de 1307 do nascimento de Nosso Senhor Jesus Cristo."

Sabia onde tinham encontrado essas frases. E sabiam quem as tinha localizado. A situação era mais perigosa do que imaginavam.

— Eles sabem que estamos aqui. — Falou João Pedro para seus companheiros.

Depois, entregou aquele bilhete a Ali Kazan, que estava à sua esquerda e dirigiu-se à recepcionista:

— Por favor, quem entregou este bilhete?

— Foi um senhor estrangeiro com dois ou três companheiros, também estrangeiros.

— Sabe o nome deles, por favor?

— Aguarde um momento, por favor... Sim, o nome dele é LudwigVon Schutze.

— Ele falou mais alguma coisa?"

— Sim, ele disse que iria ao castelo, mas que gostaria, sem falta, de falar com o senhor.

— Nada mais? — insistiu o professor.

— Não, senhor, apenas isso.

Nervoso, professor Álvares se reuniu novamente aos seus companheiros e falou:

— Eles sabem que estamos aqui nesta pousada. Talvez até tenham preparado uma armadilha para nos pegar. Temos de sair daqui escondidos.

— Mas como? Se estiverem nos esperando lá fora? Seremos todos apanhados! — falou Sofia assustada.

Professor Álvares se afastou do grupo em direção aos fundos da pousada.

—Venham, tem uma porta nos fundos. Talvez por ali vocês conseguirão fugir?

— Como vocês? E você, por que não vem junto? — perguntou Sofia.

— Porque se existe uma armadilha, é melhor que vocês escapem enquanto tento despistá-los...

— Mas é muito perigoso! Eles poderão pegá-lo e não sabemos o que poderão fazer! — insistiu a esposa.

— Se houve uma armadilha e tentarmos fugir, poderá ser pior. Se eu ficar darei cobertura para que escapem.

— Eu ficarei com o senhor! — falou Ali Kazan.

— Não precisa, meu amigo, prefiro que vá junto com eles.

— Não. Eu ficarei e juntos escaparemos daqueles neonazistas.

João Pedro olhou para o amigo e sabia que ali estava uma pessoa em quem poderia confiar.

—Tudo bem. Se prefere assim.

— Mas... — começou Sofia.

— Não tem mas. Vamos embora. Precisamos agir rapidamente. — Determinou João Pedro.

— Mas, João Pedro, seja racional. — Insistiu Sofia.

— Exatamente, estou sendo racional. Não podemos nos arriscar. Enquanto vocês escapam pelos fundos. Nós iremos despistá-los. Escutem bem: não nos esperem. Ao saírem daqui, não olhem para trás. Vão para Sintra e lá nos esperem. Tentaremos despistar os neonazistas e nos encontraremos lá. O lugar para nos encontrarmos será em frente ao Palácio Nacional de Sintra, preferencialmente, no período da tarde, quando haverá maior movimentação de pessoas. É um local público e de fácil localização. Esperem-nos lá.

Sofia não queria partir. Mesmo Luís Augusto mostrava-se inseguro. Mas Ali Aleck, após despedir-se de seu pai, conseguiu convencê-los de partirem. A despedida foi breve, mas estavam emocionados.

João Pedro e Ali Kazan viram os quatro sumirem pela porta dos fundos. Era uma noite amena e não havia luar. Isso ajudaria na fuga deles.

— Então, professor, o que faremos?"

"Realmente não sei, Ali. Daremos um tempo para que consigam fugir. Depois teremos de sair. Se houver alguma emboscada, teremos de contar com a sorte.

— Temos de pensar no seguinte. Eles saíram em direção ao castelo. Pois bem, se estiverem preparando uma cilada, temos de saber como fugir. Se saíram para um lado, deixaram-nos a ideia de que teríamos o caminho oposto para fugir. Porém, pode ser que fizeram isso para nos enganar, aí, teríamos de utilizar o mesmo caminho.

Ou seja, Ali, teremos de ter sorte, muita sorte, pois podem estar nos esperando em qualquer um dos caminhos. Teremos de ser rápidos. — Após um breve silêncio, perguntou João Pedro: — Mas por que quis ficar?

— Ora, professor, sempre fomos amigos e o senhor foi até o Egito para ajudar-me a localizar meu filho. Acha que iria deixá-lo sozinho nesse momento? Sempre fomos amigos, já fizemos muitas escavações juntos. O senhor sempre respeitou os trabalhadores do Egito. Todos o admiravam. Meu filho, quando pequeno, aprendeu a gostar da história antiga do Egito ouvindo suas histórias...

— Nossas histórias, o que descobríamos. — Interrompeu João Pedro.

— Sim, mas o senhor fazia as pesquisas e depois contávamos em minha casa. Meu filho Ali Aleck sempre me falava que queria ser um historiador também, para conhecer melhor a história antiga do país dele.

"Mas não fui eu quem deu essa oportunidade a ele, mas sim você, Ali. Foi você quem deu a oportunidade para ele estudar. Eu só fazia minhas pesquisas. E sempre gostei delas. Gostava tanto delas que me empolgava e acabava por contar e contar para ele...

— Professor, o senhor sempre respeitou os trabalhadores. Tratou-os com educação e jamais os deixou se sentirem inferiores... -começou Ali Kazan.

— Ali. O respeito é um princípio que devemos ter em tudo e com todos em nossa vida. Não importa o que os outros façam. Somente nós. Devemos nos posicionar e agir, independentemente dos fatos externos. Se respeitava a todos é porque, para mim isso é importante.

— Se todos pensassem assim...

— Não podemos exigir, Ali. Temos de agir conforme aquilo que acreditamos. Pode ser que, através de nossas atitudes, mostremos aos demais que agindo assim é melhor do que maltratar, mas não podemos nos impor.

— Exato, professor. E é por causa dessas coisas que agora estou aqui com o senhor. O senhor, desde quando chegou ao Egito pela primeira vez, respeitou a população local, nossos costumes, tratou-nos com educação. Depois, mostrou paixão pelo que fazia para meu filho e inspirou-o a estudar e se tornar um historiador. Eu mesmo aprendi muito com o senhor.

— Mas Ali, quando nos conhecemos você já falava que queria que seus filhos estudassem, tivessem uma percepção diferente do mundo. Lembra-se? A sua perspectiva de vida era essa, que as pessoas devem se respeitar, que precisam ser livres para se manifestarem. Até com sua esposa você agia diferente, permitindo que ela participasse da sua vida efetivamente. Por isso, não fui eu quem fez isso com seu filho Ali Aleck, mas você. Você mostrou para seus filhos que estudar é importante, que traz oportunidades na vida. Ali Aleck aprendeu muito com você. A profissão pode ser influência minha, da paixão que tive pelo Egito, mas a base foi você, as oportunidades foram você. Você, Ali, ajudou-me muito quando estive no Egito. Só tenho de agradecer pela ajuda que me prestou.

Ali Kazan ficou quieto, talvez esperasse por aquelas palavras que reafirmassem a amizade que havia entre o historiador português e ele, um egípcio, que durante a vida aprendera a ser um escavador, mas que sonhava em dar um futuro diferente a seus filhos, talvez imaginando que, com esse desejo, estaria mudando a história do próprio povo do Egito.

— Ali, acho que já podemos sair. Se não voltaram aqui para nos apanhar, é porque os outros conseguiram escapar. Quando sairmos, devemos ter o máximo cuidado. Se nos separarmos por qualquer razão, vamos marcar de nos encontrarmos, pouco antes do amanhecer na praça central, próxima à sede da freguesia.

— Acha que nos esperam na saída?

— Lembre-se, de que se um de nós for apanhado, o outro deve ir a Sintra, encontrar com os demais. Não cometa loucuras, pois esses homens são perigosos.

— Que Alá nos proteja!

— Que Deus nos abençoe!

Meio hesitantes, dirigiram-se à porta. Olhavam para fora e receavam o que poderiam encontrar ali. Estariam à beira de uma emboscada?

—Vamos.- Sussurrou João Pedro, tomando a frente.

Ao saírem, viraram para a direita e caminharam apressadamente. A intenção de João Pedro era chegar à primeira esquina que, segundo ele, lhes daria maior proteção e vantagem para fugir. Era já noite avançada e tudo estava escuro e pouca gente havia nas ruas.

Alcançaram a esquina. No entanto, não tiveram tempo de se aliviarem, ao mesmo tempo em que a dobravam escutaram:

— Ali, e o português!

Não olharam para trás e começaram a correr, pois o sotaque daquele grito indicava quem estava atrás deles. Tinham de se esconder. Ao chegar a uma nova esquina ouviram dois estampidos. Tiros.

Por sorte, não foram apanhados pelos tiros. Mas tinham que correr mais. Os neonazistas não estavam brincando. Queriam atingi-los. Queriam matá-los.

— Corre Ali, não temos tempo a perder.

Enquanto corriam, escutavam os três no encalço deles. Viram uma ruela e depois outra e acharam um pequeno beco escuro, um recuo, que poderia servir de abrigo. Mas João Pedro não achou que ali fosse um bom lugar. Indicou para Ali Kazan continuarem a correr, até que chegaram à praça central, e dali correram para uma nova viela, onde se esconderam no recuo de uma parede.

Pouco depois, escutaram que os neonazistas haviam chegado à praça. Podiam ouvir o que falavam tal a distância. Será que conseguiam ouvir a respiração dos dois fugitivos

Mas os três olhavam de um lado para outro e não sabiam para onde ir. Poderiam ter escapado por qualquer lugar, havia diversas rotas de fuga.

Ouviram os neonazistas conversarem e depois se separarem. De um lado a outro aqueles criminosos andavam, mas não repararam naquele recuo, que era coberto por uma parede que dava de frente à praça.

Após breve silêncio, Ali Kazan falou:

— Professor, fiquemos escondidos até amanhecer, quando haverá maior movimento nas ruas.

— Tem razão, Ali. Só espero que os outros não tenham sido apanhados.

— Que Alá os proteja.

Era a segunda vez, naquela noite, que Ali Kazan recorria a Alá para proteger a eles dois ou aos demais de seu grupo. A situação era muito delicada. Sentiam o coração batendo e a ansiedade era tanta que parecia que toda a freguesia poderia escutá-los, talvez até mesmo no castelo pudessem ser ouvidos. Mas era imprescindível permanecerem em silêncio.

-Será que não podemos procurar as autoridades? — perguntou Ali Kazan.

— Poderíamos sim, avisar as autoridades. Mas e se soltassem os neonazistas? Se não conseguíssemos provas de que tentaram nos matar? Não acharmos armas? Dessa forma estariam muito perto de nos sequestrarem novamente.

— Caso nos apanhem, gritarei para acordar toda a redondeza. Assim poderíamos ganhar um tempo.

João Pedro acenou com a cabeça e voltaram a prestar atenção na movimentação de Von Schutze com seus companheiros.

O tempo passava e vez ou outra percebiam que os neonazistas voltavam à praça, para se reagruparem e reiniciarem a busca pelos dois. Mas em nenhum momento notaram que tão perto estavam. Até que após um longo tempo em silêncio, o dia começou.

— Parece que não nos procuram mais. — Sussurrou Ali Kazan.

— Sim, parece que sim.

— Podemos sair?

— Se sairmos e formos apanhados, nossa vida estará em perigo.

— Mas teremos de sair, professor.

Após uma breve pausa, João Pedro saiu do esconderijo e olhou em direção à praça. Não havia ninguém.

— Talvez possamos sair, Ali... — observou um pouco mais a praça e falou: — Vamos temos de sair da freguesia.

Os dois saíram e apressadamente se afastaram da praça. Não havia movimentação na Freguesia de São João Batista. Mas para os dois, o mais importante era que não havia sinal de Ludwig Von Schutze e seus companheiros.

— Será que os demais estão seguros? — perguntou Ali Kazan.

— Espero que sim. Espero que tenham conseguido escapar. E que estejam bem a caminho de Sintra.

Uma vez mais observaram se eram seguidos, mas não notaram ninguém. Nas ruas não havia ninguém e tudo parecia tranquilo.

— Será que conseguiremos chegar hoje mesmo em Sintra? -perguntou Ali Kazan.

—Talvez sim, se arrumarmos um meio de transporte. No entanto, é melhor andarmos um pouco a pé para que despistemos os neonazistas.

Caminharam durante algumas horas, até que conseguiram um ônibus que os levou para Lisboa. Sem descansarem, foram para Sintra em outro ônibus. O cansaço era evidente, mas a ansiedade maior.

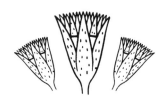

CAPÍTULO XXXII

Chegaram cansados a Sintra. A fuga causara-lhes muito desgaste. No entanto, dirigiram-se ao Palácio Nacional de Sintra. Era começo de tarde. Desejavam encontrar os demais, para saber se estavam todos bem. A angústia aumentava ao mesmo ritmo de seus passos em direção ao palácio.

Olharam em direção à praça em frente ao palácio e não viram ninguém. Estavam ansiosos e caminhavam rapidamente. Mas prestavam atenção ao movimento de pessoas, tentando localizá-los, bem como notar se havia algum rosto conhecido e igualmente indesejado; os neonazistas.

— Tenhamos cuidado, Ali. Caso eles tenham sequestrado minha família, seu filho e Shang Lee, certamente saberiam que marcamos aqui e também seremos apanhados.

— Espero que esteja errado, professor. Tenho esperança de que estejam bem.

Andaram mais um pouco e não identificaram ninguém nas imediações. Sentaram-se na escadaria de entrada do palácio.

— Esperemos. — Falou o professor ainda procurando no meio dos transeuntes, sem obter sucesso.

O tempo passava velozmente. E o meio da tarde já se aproximava.

— Só espero que não tenha colocado em perigo a vida deles. — Falou João Pedro já demonstrando certa nervosismo.

Ali Kazan, tenso também, concordou com a cabeça.

— Como pude ser tão irresponsável? Coloquei em risco a vida de tantas pessoas? — Falou João Pedro. — E pensar que estávamos viajando de férias!

— Professor, foi graças a ajuda do senhor que conseguimos salvar meu filho e Shang Lee. O senhor tem feito todo o possível. Não se culpe. — Tentou consolar Ali Aleck.

— Você está certo, Ali. Mas nesse momento, a sensação de impotência nos atinge. Não sabemos o que fazer, como agir. É difícil... Muito difícil...

No entanto, nesse momento, viu do outro lado da rua um pequeno grupo escondido atrás de umas árvores, que observava de um lado a outro.

— Espere um momento... Ali, consegue ver? — apontando para o lado direito.

Kazan fixou o olhar naquele grupo de árvores. Nesse mesmo momento acenaram para eles.

— São eles, professor! — e Ali se levantou e partiu em direção ao grupo, sendo seguido pelo professor.

Os quatro esperaram debaixo da árvore.

— Como estão? — perguntou João Pedro abraçando Sofia.

— Estávamos nervosos, pois vocês não apareciam.

— Viemos aqui pouco depois da hora do almoço, mas saímos logo depois, para não levantarmos suspeitas. — Respondeu Ali Aleck.

— Pois é provável que não nos encontramos por pouco, pois chegamos aqui no início da tarde. — Falou João Pedro.

— Como foram? Conseguiram escapar sem nenhum perigo? — perguntou Sofia.

— Chegamos a nos encontrar com eles, mas conseguimos despistá-los. — Respondeu João Pedro, omitindo os tiros e a perseguição, para não causar mais ansiedade ao grupo.

— Eles estão muito bem informados, pois conseguiram descobrir as pistas de Avignon e chegaram a Tomar. — Começou a explicar Shang Lee.

— E como conseguem tudo isso? — perguntou Luís Augusto.

— É simples, Luís, eles têm historiadores junto. O próprio líder do grupo, aquele Ludwig Von Schutze me disse que é um historiador. Assim eles conseguem algumas informações. — Respondeu seu pai.

— Pois bem. Isso significa que poderão encontrar o que achamos em Tomar. — Acrescentou Ali Aleck. — E certamente deduzirão que há algo aqui em Sintra.

— É provável, por isso temos de agir rápido. Talvez até consigamos encontrar um jeito de impedi-los. Mas antes precisamos descansar. Ficamos a noite toda acordados. — Falou João Pedro.

Foram, pois, à pousada que o grupo tinha arrumado. Ali Kazan e João Pedro descansaram aquela tarde e a noite decidiram o que fariam no dia seguinte.

— Pois bem, parece que não temos muitas opções aqui. Temos de ir à Quinta da Regaleira e lá descobrir o possível paradeiro do tesouro. — Começou o professor Álvares.

— O palácio fica retirado do centro. Já descobrimos como chegarmos lá. — Antecipou-se Ali Aleck.

— Ótimo. Assim já ganharemos tempo para amanhã. — Respondeu João Pedro.

— O que procuraremos lá. — Perguntou Luís Augusto.

— Bom, a Quinta da Regaleira é um complexo que possui inúmeros ambientes que, conforme era desejo de seu proprietário, favorecesse ou proporcionasse ao visitante o contato com o autoconhecimento. Assim, fica difícil sabermos onde procurar. — Observou Shang Lee.

— Está certo, Shang Lee. Amanhã, como fizemos até agora, iremos de manhã cedo à Regaleira e lá veremos por onde começar. Mas tenho um palpite. Se houver algo, não será no interior do castelo, mas no seu jardim que acharemos — comentou o professor Álvares.

— E por que o senhor acha isso? — perguntou Ali Kazan.

— Pois é no jardim desse castelo que há as maiores oportunidades para o autoconhecimento. Se estivermos certos em relação ao simbolismo adotado pelo grupo de Akhenaton, tudo o que há no jardim do castelo servirá de dica para encontrarmos o tesouro. — Respondeu o professor português.

Descansaram aquela noite, mas já imaginavam o que poderiam encontrar naquele palácio. Seguindo as pistas que conseguiram até aquele momento, Sintra poderia ser o destino final do tesouro. Apesar de cansados, sentiam-se perto da solução de um mistério, que já lhes tinha proporcionado diversas aventuras, algumas até perigosas. O que realmente seria o tesouro de Akhenaton?

Na manhã seguinte, estavam todos prontos para mais um dia de investigações e partiram logo após o café da manhã.

O castelo, como já indicara Ali Aleck, ficava retirado do centro da cidade, próximo ao Palácio dos Sesteais, construído no século 18 por um cônsul holandês em Portugal e no caminho do Palácio de Monserrate, construído pelo visconde de Monserrate, com arquitetura predominantemente inglesa.

Dirigiram-se para lá. O palácio é cercado por vários jardins. Todo detalhe do palácio tem um significado oculto. Nenhuma medida, nenhum ângulo, nada foi inserido na paisagem sem que houvesse um significado.

— Se formos nos dedicar a entender o simbolismo desse palácio — comentou João Pedro, passaríamos meses, talvez anos, buscando as razões de cada um.

— Exatamente, professor. Há quem diga que existem no palácio elementos da maçonaria ou outras associações ocultas. -Observou Shang Lee.

— Pois agora sabemos que, de certa forma, é uma verdade.
— Falou Ali Aleck. — Se o grupo de Akhenaton é realmente uma associação que visa, até hoje, manter o tesouro oculto, utilizando-se para isso de simbologia, podemos dizer que essa afirmação é verdadeira.

— Concordo, Ali Aleck. Aliás, muitos têm se dedicado ao estudo da simbologia que há neste castelo e nos seus jardins. — Disse o professor Álvares.

— Tudo bem. Mas por onde começaremos? — perguntou Luís Augusto

— Primeiro entraremos no palácio, para conhecê-lo. — Respondeu João Pedro.

Todos de acordo, entraram no Palácio. A suntuosidade era marcante. Os ambientes são finamente ornados, com detalhes que necessitam de grande tempo para admiração. Mas esse não era o objetivo deles. Apesar do desejo de apreciarem o palácio, sabiam que não tinham muito tempo, pois era claro que os neonazistas poderiam supor que o tesouro de Akhenaton pudesse estar em Sintra.

Passaram por diversos aposentos, como a Sala dos Reis, a Sala da Renascença ou a Sala das Caças, no primeiro pavimento ou nos ambientes mais reservados, dos demais pavimentos, e nada foi encontrado que pudesse ser uma pista. Não havia paredes diferentes, símbolos, sinais, marcas, nada.

O único ponto que lhes chamou a atenção foi uma sala no setor sul do segundo pavimento, no formato octogonal, como a charola do templo de Tomar.

— Talvez aqui. — Sussurrou João Pedro.

Procuraram com extremo cuidado por possíveis símbolos, mas nada encontravam.

— Talvez na varanda sobre esta sala tenha alguma coisa. — Falou Luís Augusto.

Subiram rapidamente ao terceiro pavimento. Tinham pressa de encontrar alguma pista. E na varanda, olharam para as pedras que formavam-na, prestavam atenção a cada detalhe, mas não conseguiram identificar possíveis lugares onde se ocultariam alguma mensagem.

Até que chegaram à biblioteca. Rapidamente, iniciaram uma busca. Observavam os títulos dos livros, paredes. Procuravam por possíveis símbolos, mas nada localizaram, como acontecera nos outros cômodos.

— Não há nada aqui dentro. — Comentou Sofia. — Procuramos em todos os lugares e não achamos nada.

— Talvez tenhamos de procurar nos jardins. — Acrescentou Ali Kazan.

— Levamos toda a manhã procurando no castelo e nada localizamos.- Desabafou Luís Augusto.

— Não nos resta outra alternativa do que procurarmos nos jardins... — começou João Pedro.

— Mas ele é muito grande? Por onde iremos procurar? — interrompeu Luís Augusto.

— Calma, Luís. Deixe-me explicar. O jardim é realmente grande, mas temos de ser racionais, como fomos aos outros lugares. Se o grupo de Akhenaton gosta de simbologia, então devemos ser objetivos na nossa busca. — E o professor Álvares pegou o mapa do local. —Vejamos aqui...

Analisaram o mapa detalhadamente e anotaram alguns pontos.

— Acredito que podemos começar por esses locais. O Patamar dos Deuses pode esconder alguma mensagem nas suas estátuas. A Gruta do Labirinto, a Gruta do Oriente, o Poço Iniciático e o Portal dos Guardiões. Todos estes lugares talvez tenham alguma coisa para procurarmos. — Anotou João Pedro.

— Mas se todo o palácio tem algum significado, pode estar em qualquer lugar. — Observou Luís Augusto.

— Sim, Luís, mas temos de começar por algum lugar. — Respondeu seu pai.

— Certo. Vamos agora para lá. Comecemos pelo Poço Iniciático. O seu nome é bastante sugestivo. — Falou Shang Lee.

— Sim, comecemos por ele. Mesmo porque, do poço partem túneis que nos levarão a outros pontos do jardim. — Concordou o professor Álvares.

— Aliás, professor, este poço possui uma cruz templária no fundo. — Observou Ali Aleck.

Dirigiram-se, pois, ao Poço Iniciático. É um poço de vinte e sete metros de profundidade com uma escada circular.

— Aqui há muitos significados. Segundo consta, este poço se refere à Divina Comédia de Dante. — Explicou Shang Lee.

— Divina Comédia? E o que mais tem aqui? — perguntou Sofia.

— A concepção deste poço foi para representar o paraíso, o purgatório e o inferno. Por isso é que o poço tem vinte e sete metros, pois, na Divina Comédia, cada uma dessas fases é representada por nove círculos. Assim têm-se os vinte e sete metros. — Continuou a explicação Shang Lee.

— Ao fim do poço haverá um túnel que nos levará a diversos pontos do jardim da Regaleira. Precisamos prestar atenção a cada detalhe, pois aqui tudo tem um significado. Não percam nenhum detalhe. — Determinou o professor Álvares.

A ordem não precisaria ser dita. Todos já prestavam atenção a cada detalhe. Mas eram muitos, impossíveis de serem todos detalhadamente observados.

Ao chegarem ao fim do poço, a dúvida:

— Qual caminho seguir? — perguntou Luís Augusto.

Antes de seguirem o caminho, porém, analisaram o fim do poço, mas não havia nenhum sinal que servisse para o propósito do grupo.

— Até agora não achamos nada. — Falou Luís Augusto. — Será que viemos para o lugar certo? Será que não fomos precipitados?

— O grupo de Akhenaton é bastante diligente e cuidadoso. Não deixariam sinais evidentes, ainda mais se o tesouro estiver aqui. — Respondeu João Pedro.

— Acredita que o tesouro possa estar aqui?"- indagou Sofia.

— É possível. Como dissemos antes, se não estiver aqui, teremos de procurar mais ao ocidente. — Respondeu João Pedro.

— E isso significa que teríamos de ir ao Brasil. — Completou Shang Lee.

— Pelo tamanho do Brasil, a busca seria muito difícil. Qualquer lugar poderia ser o destino do tesouro. — Observou Ali Kazan.

— Não se preocupe, meu amigo. Se tivermos de ir ao Brasil, usaremos os mesmos métodos, procuraremos por lugares que tenham algum significado marcante na história. — Respondeu o professor Álvares.

— E o primeiro lugar seria, sem dúvida, o Rio de Janeiro. — Respondeu Ali Aleck.

— Exatamente.

Enquanto conversavam, observavam os detalhes do fim do poço, em especial a cruz templária, bem como o túnel. Nada havia, porém, que servisse de pista.

— Sigamos pelo túnel. — Disse João Pedro.

— Professor, para qual direção seguiremos? — perguntou Shang Lee.

— Vamos ao Poço Imperfeito, que é o mais ao norte dos caminhos que estes túneis levam. — Respondeu o professor após hesitar um tempo.

Mas agora notaram que as lanternas lhes fariam falta. No entanto, partiram pelo caminho à esquerda.

A luminosidade era fraca, o que não permitia grande observação visual. Por isso, tateavam as paredes. Mesmo que a busca fosse imperfeita, não notaram qualquer coisa anormal.

— Por qual caminho seguir? — perguntou Sofia ao se aproximarem de uma bifurcação.

—Vamos à esquerda. — Determinou João Pedro.

Chegaram ao Poço Imperfeito, mas uma vez nada foi localizado.

— Retornemos por onde viemos. Aí seguiremos para a Lagoa da Cascata. Se não acharmos nada, iremos à Gruta do Oriente.- Disse o professor Álvares, já retornando pelo túnel.

— É muito difícil encontrar alguma coisa nesta escuridão. — Falou Sofia.

Por causa disso, seguiam vagarosamente, tateando as paredes. Ao se aproximarem da Lagoa da Cascata escutaram passos mais à frente, mas não conseguiram ver ninguém.

— Será que tem mais alguém aqui? — perguntou Ali Kazan.

— Aqui há muitos turistas. — Respondeu Shang Lee.

Seguiram em frente e, ao chegarem à cascata, João Pedro determinou:

—Vamos fazer uma busca apenas nas imediações das cascata. Se não acharmos nada iremos até a Gruta do Oriente. O resto da lagoa nós deixaremos para depois, caso não achemos nada.

Mais uma vez as buscas se mostraram infrutíferas, o que os obrigou a retornar pelo túnel em direção à Gruta do Oriente.

— Será que encontraremos alguma coisa na Gruta? — perguntou Sofia.

— Se pensarmos em simbolismos. A Gruta do Oriente tem um nome bastante sugestivo.

— Exatamente, Shang Lee. Imagine só, no lugar mais ocidental da Europa, local de repouso do tesouro de Akhenaton, é uma gruta chamada Gruta do Oriente. — Concordou o professor Álvares.

— Seria até uma forma simbólica de unir o Oriente com o Ocidente. — Acrescentou Ali Aleck.

Seguiram adiante, procurando na escuridão qualquer coisa que pudesse indicar uma pista. Mas a ausência de luz tornava tudo mais difícil.

Ao se aproximarem da Gruta do Oriente, novamente escutaram passos, mas não identificaram quem era. Estavam, aproximadamente, a 30 metros da saída, quando João Pedro tocou numa parede e sentiu algo próximo ao chão.

— Há alguma coisa aqui.

Todos se voltaram para ele.

— O que foi? — perguntou Sofia.

— Não sei, mas encostei numa pedra aqui em baixo, que se moveu.

Nesse momento, abriu-se uma passagem por entre as pedras, poucos passos atrás do lugar onde se encontravam

— Será que encontramos o tesouro? — perguntou Luís Augusto.

Mas não deu tempo de ninguém responder nem de averiguar o que haveria atrás daquela passagem.

— Muito bem, professor Álvares. Achou o que procurávamos. Por um golpe de sorte o senhor encontrou a passagem que sabíamos que existia, mas que não conseguíamos encontrar.

A voz e o sotaque não deixavam dúvidas. Era Ludwig Von Schutze e seus comparsas que se aproximavam armados.

— Sabíamos que encontraria o tesouro para nós. Em Roma, quando o vimos no meio da multidão, descobrimos que nosso plano de eliminá-lo no Egito havia se frustrado. Porém, o que parecia ser um pequeno infortúnio para nós tornou-se um ponto positivo, pois deixávamos o senhor e seus companheiros escaparem para nos levar ao tesouro. Foi assim em Avignon, e foi assim em Tomar. Estávamos seguindo o senhor e aqui estamos nós, prontos para encontrar o tesouro de Akhenaton. — Continuou Von Schutze.

— Como acredita que esteja aqui na Quinta da Regaleira? — perguntou o professor Álvares.

— Ora, professor, não se faça de desentendido. A primeira frase estava completa em Roma. Depois, ainda em Roma, faz clara alusão a um grupo de homens. Mas o grupo criado por Akhenaton já fazia esse papel por milênios. A segunda frase encontrada em Roma indicava a existência de um grupo específico. E qual seria esse grupo, que, por razões óbvias, teve de tirar o tesouro de Jerusalém e levá-lo para a Europa? Estava claro que os templários tinham alguma relação com o tesouro. — Iniciou a explicação Von Schutze, rindo.

João Pedro encarava-o com olhar de desprezo.

— Estou errado na minha linha de raciocínio, professor Álvares? Confesso que em Roma estávamos um pouco perdidos. Mas vê-lo em Roma foi o anúncio de que poderíamos encontrar o paradeiro do tesouro. Bastava segui-lo. Por isso é que não o prendemos. Perseguimos o senhor, mas deixávamos escapar. Assim, com sua ajuda chegamos a Avignon. — Continuou o neonazista.

— A ligação de Avignon com os cavaleiros templários é óbvia. Foi lá que o Papa Clemente V absolveu os templários das acusações do rei Filipe IV da França. Ora, tudo estava ficando claro para nós. Se os templários foram os responsáveis pelo transporte do tesouro de Akhenaton de Jerusalém para a Europa, qualquer que tenha sido seu destino, estava claro que Avignon teria alguma pista.

— Bastava nos seguir e achariam onde estava o tesouro? — Interrompeu o professor português

— Sim, professor, está certo. Em Avignon, sabíamos que haveria alguma coisa nas imediações do Palácio dos Papas. Aliás, dentro do Palácio, como o senhor e seus companheiros localizaram. As frases que localizaram, e tiveram o trabalho de esconder, nós também vimos. Duas delas fazem alusão direta à perseguição do rei do França. Apesar de a história dizer que saiu-se vitorioso por ser o responsável pela extinção da Ordem dos Pobres Cavaleiros de Cristo e do Templo de Salomão, é evidente para nós que não conseguiu o que realmente procurava...

— O tesouro de Akhenaton. — Completou um de seus companheiros.

Ludwig Von Schutze discretamente olhou para esse comparsa que estava à sua direita e continuou:

— Mas a primeira frase indicava que o tesouro saíra do Oriente e caminhava para o Ocidente. Ora, dos poucos lugares que deram proteção aos templários, tínhamos de nos ater às Regiões Ocidentais. Jamais a Alemanha. Pois bem, restava Portugal e Castela, hoje região da Espanha. Mas qual? Sabíamos, no entanto, que o senhor, professor, também estava com essa dúvida. Bastava segui-lo. E para acelerá-lo, bastava deixar-nos ser vistos pelo senhor.

— E por que em Tomar atiraram em nós? E por que deixaram as mensagens?"- perguntou João Pedro.

— Em Tomar, professor, localizamos todas as frases que haviam nas outras localidades, o que indicava que estávamos próximos de descobrir. Pelo menos era o que imaginávamos. Todas as frases juntas era o indício de algo, como os senhores mesmos desconfiaram. E mais uma frase dizia claramente para seguirmos "os passos certos", e que o "oculto revela o tesouro". Ora, nós não somos ignorantes. Sabíamos que mais à Região Ocidente de Tomar deveria ser um lugar que tivesse suficiente significado que pudesse guardar o tesouro. A Quinta da Regaleira, aqui em Sintra, era o lugar que preenchia esses requisitos.

— E por isso vieram antes de nós? — indagou o professor Álvares.

"Sim, viemos antes, mas continuamos a vigiá-lo, caso tivesse a ideia de seguir para outro lugar.

— Então estava nos esperando aqui. — Concluiu João Pedro.

— Exatamente. Gostaria que participasse da nossa grande descoberta, que irá revolucionar a política mundial. — Finalizou Von Schutze.

Quando Ludwig se virava para falar com o companheiro do lado direito, Shang Lee atacou o outro. Conseguindo desarmá-lo

Mas um tiro de Von Schutze atingiu-o no ombro.

— Não seja estúpido professor Álvares. — Gritou Ludwig Von Schutze. — Estamos armados e não nos importamos com a vida de vocês. O próximo tiro será certeiro.

Shang Lee estava se contorcendo de dor no chão. Sangrava, mas a bala atingira o ombro.

—Vamos carreguem-no para dentro. — Gritou Von Schutze, apontando para João Pedro.

João Pedro e Ali Kazan levantaram-no e começaram a andar, mas Sofia falou, tentando segurar o choro:

— Por favor, ele precisa de um médico.

— A irresponsabilidade foi dele. Vai ter de esperar. — E Ludwig apontou a entrada do túnel recém-aberto.

Sofia já se aproximou de Shang Lee e começou a prestar os primeiros socorros com vistas a estancar o sangramento. Enquanto isso, desciam por um túnel circular, com profundidade semelhante ao Poço Iniciático, mal iluminado pelas lanternas que Ludwig Von Schutze e seus companheiros carregavam. Na frente iam Luís Augusto e Ali Aleck caminhando lentamente.

Mas uma luz começou a brilhar no fim do túnel.

— O que haverá ali? — perguntou o terceiro companheiro de Von Schutze, que havia sido surpreendido por Shang Lee.

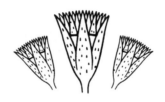

CAPÍTULO XXXIII

— Vamos em frente. Não parem. — Determinou Ludwig Von Schutze com voz baixa e fria.

Caminhavam lentamente, mas já era possível identificar uma passagem no fim da escada.

— Aqui tem umas frases. — Falou Ali Aleck. — De um lado da passagem está em latim e do outro em português.

— Em português? — surpreendeu-se Von Schutze.

— Sim, em português, e provavelmente arcaico. Esqueceu-se de que está em Portugal? — retrucou João Pedro.

Ludwig olhou para o professor português.

— É claro que sei onde estou. Mas pelo que me lembro, o grupo de Akhenaton jamais escreveu a mesma frase duas vezes. Apenas uma na língua local. — Respondeu o neonazista. — O que está escrito?

Ali Aleck tentou ler, mas precisou da ajuda de João Pedro.

— Aqui está escrito: "O tesouro está nos olhos de quem sabe olhar, nos ouvidos de quem sabe ouvir e no coração de quem sabe sentir". Esta outra: "A proteção do tesouro foi confiada a homens de coragem, que tiveram a ousadia de desafiar o tempo e a ignorância das massas para preservar e respeitar seu segredo". A terceira: "O tesouro que nasce no Oriente brilha no Ocidente. O seu brilho é maior que o brilho do ouro reluzente, e não servirá à vaidade de um só homem, mas está destinado a servir a todos os filhos de Deus". E a última frase: "A esperança se renova ao descobrir o tesouro".

— São as frases que foram localizadas nos outros lugares, com exceção desta última. — Falou Von Schutze.

Mas ninguém respondeu. Todos os companheiros do professor Álvares permaneceram calados.

Só Shang Lee, deitado no chão gemeu de dor enquanto Sofia limpava seu ferimento e fazia um curativo.

— Mais um pouco e o teria matado. — Falou serenamente enquanto terminava de fazer o curativo.

— Sorte a dele que eu não quis matá-lo. Mais um passo em falso e não terão tanta sorte. — Respondeu Ludwig friamente.

Após analisar a situação por alguns momentos e conversar reservadamente com seus companheiros, Ludwig determinou:

— Entrem e levem seu amigo corajoso junto.

Após aquele pórtico tiveram a visão de algo inimaginável. A passagem dava acesso a uma pequena escada que se virava para o lado esquerdo. Abria-se um salão gigantesco, com pilares em diversos estilos, alguns representando deuses greco-romanos, outros simples pilares com forte influência grega e romana, outros ainda com representações da cultura egípcia e fenícia. Apesar da variedade de temas, formavam um conjunto harmônico. As paredes eram brancas e decoradas com imagens greco-romanas de um lado e egípcias de outro. Do outro lado havia outra passagem. Porém, o mais impressionante era o que estava contido naquele salão. Havia imensa quantidade de objetos de ouro, a grande maioria provenientes do Egito, mas também sumérios, gregos, romanos e outros.

— É esse o tesouro?- e Ludwig se aproximou de uma estátua réplica da esfinge. — É isto aqui mesmo?

Enquanto isso apontava sua arma para todo o grupo.

— Andem! Vão para lá! — indicando a direção da outra passagem.

Ludwig Von Schutze e seus comparsas tocavam naquele ouro todo e riam, mas de repente começaram a sentir-se mal.

— O que está acontecendo? — enquanto tossiam reiteradamente, engasgando algumas vezes.

— Aconteceu que sua ganância determinou o seu fim. — E nesse instante Abdão Harahel passou pela porta por onde tinham entrado, acompanhado dos padres que ajudaram João Pedro em Roma, bem como do misterioso que lhe mostrava o vestígio do muro do primeiro templo de Jerusalém.

— O que fizeram com a gente? — gritou von Schutze tentando apontar sua arma para o professor israelense, mas sem conseguir.

— Acha mesmo que esse tesouro de ouro estaria à sua disposição para levar adiante seu projeto mesquinho? Algumas peças contêm um veneno que protegem todo o restante. — E se aproximou de outras, tocando-as tranquilamente. –"Eu lhes asseguro, aproveitem a vista do tesouro, pois não poderão utilizá-lo para seus fins.

E nesse instante os três neonazistas caíram mortos, sem que houvesse nada que pudesse ser feito para salvá-los.

— Não se preocupem com eles. Levaram o segredo para o túmulo e o tesouro continuará protegido.

— Professor Harahel? O senhor sabia de tudo? — perguntou João Pedro.

— Sim, caro amigo, lamento por não tê-lo dito antes, mas era preciso que permitisse ao senhor traçar seu próprio caminho para encontrar o tesouro.

— Mas pensei...

— Pensou que estava correndo contra o tempo, para impedir que os neonazistas se apoderassem do tesouro. Mas lhe asseguro, isso não era necessário. O tesouro está muito bem protegido.

— Então em Israel...

— Fui informado que estava indo a Israel. Sabia que precisava de ajuda, por isso providenciei tudo.

— Mas corríamos o risco...

— Havia risco sim, é verdade, mas tentávamos protegê-lo também. Se interviéssemos em algum momento, poderíamos perder os neonazistas. Tínhamos de correr esse risco. Além disso, nesse momento, muitos neonazistas estão sendo presos pelas autoridades, e o tesouro permanecerá oculto conforme a determinação de Akhenaton.

— Mas professor, explique-me uma coisa, o senhor é judeu?

— Sim, como meu amigo aqui — apontando para o jovem que o ajudara em Jerusalém, — é muçulmano, e estes dois padres são cristãos.

— E como podem? Não entendo!

— É muito simples, professor. Nós, de uma forma ou de outra, tivemos contato com o tesouro. E todos acabam por ser convidados. Independe de religião, crença política, riqueza, origem nacional, cor, sexo e ideologia filosófica. Nada disso interessa. O que interessa é a firmeza moral, como vimos em vocês.

— Como viram em nós? — perguntou João Pedro.

— Professor, o senhor saiu com sua família para o Egito para salvar a vida de um aluno seu, que, aliás, precisa de atendimento médico, e o filho de um escavador egípcio. Para muitos, seria inconcebível dispor-se de seu tempo para isso. Mas para o senhor e sua família, não. Queriam ajudá-los e fez isso sem nenhuma intenção, apenas pela amizade e respeito que nutria por seu aluno e por seu amigo egípcio. Isso não seria firmeza moral?

Ninguém respondeu. Olhavam em volta e o que viam era uma riqueza incalculável, tanto no valor histórico quanto na quantidade de ouro e prata ali contidos.

— Acham que o tesouro é somente isto? — perguntou Abdão Harahel. —Venham vamos lhes mostrar o que realmente há aqui, ou seja, todo o tesouro.

Foram para o outro salão e era parecido com o anterior, repleto de objetos, esculturas e jóias em ouro e prata e muitas pedras preciosas.

— Há mais ainda? — perguntou Luís Augusto.

— Sim, vamos descer mais um pouco.

Ao descerem por outra pequena escada, ao contrário de novos objetos de ouro e prata, viram uma imensa biblioteca com livros e pergaminhos. Sem entenderem, Harahel explicou:

— A história fala que a biblioteca de Alexandria foi destruída. Pois bem, isso é verdade, mas o material que havia nela não. Grande parte está aqui. E, como era o objetivo de Akhenaton, preservar o conhecimento, o material pessoal do Faraó deu origem a esta biblioteca. Depois, o material da biblioteca de Alexandria, antes de ser destruída, foi acrescentado. E muitas outras obras foram acrescentadas, desde então.

João Pedro e seus companheiros caminhavam por entre os livros. Só Shang Lee que permanecia deitado, amparado pelos padres. A disposição era impecável, divididas por épocas, e também pela origem geográfica, bem como em face da matéria estudada.

— Há aqui muitas obras. São autênticas? — perguntou João Pedro.

— Eu lhe asseguro que, sim. — Respondeu o professor israelense. — E aqui estão preservados, pois a temperatura permanece constante. Como vê, utilizamos pouca energia externa. — Apontando para as luzes. -Aqui há muito conhecimento que supostamente se perdeu, mas que conseguimos preservá-lo, conforme as determinações de Akhenaton.

— Continue. Dê-me um exemplo disso.

— Um exemplo... Pois bem, há inúmeros, mas citarei um. Conhece o templo do sono da Grécia antiga? Era conhecido como Templo do deus Hypnos. Pois bem, sem entrar em muitos pormenores, nesse templo, através do sono, praticava-se a cura de problemas psíquicos e também de doenças físicas. E isso ocorria também no Egito antigo.

— Hum.

— Mas hoje, após o surgimento da psicologia, o sono só é utilizado para curas psíquicas. Ora, observa-se aqui que um conhecimento, o uso do sono para curas físicas, foi deixado de lado, ou abandonado, ou esquecido. Não importa. O que importa é que esse conhecimento não está perdido. Está preservado tudo está aqui. E há muitos outros exemplos. Pode observar aqui, há obras e mais obras que atestam isso.

E João Pedro e seus companheiros continuavam a análise. Observou, em especial, relatos da antiga Fenícia, muitos outros do Egito e também da Grécia.

— Há livros aqui que discordam de conhecimentos hoje em voga? — perguntou Ali Aleck.

— Sim, há vários. — Respondeu o professor israelense.

— E por que não divulgam? — perguntou Luís Augusto.

— Por que a determinação de Akhenaton era para que fosse utilizado quando a humanidade não desejasse usar este tesouro para os fins egoístas, como observaram com os neonazistas. No entanto, por vezes, aproveitamos algum conhecimento constante aqui e ajudamos em alguma área do conhecimento. — Respondeu Harahel.

— Ajudam? Como? — insistiu Luís Augusto.

— Nós sabemos como fazer chegar, determinada informação à pessoa certa.

— E se alguém do grupo de Akhenton quiser revelar o segredo do tesouro? É possível? — perguntou João Pedro.

— Isso jamais aconteceu.

— Essa determinação é imposta?

— Não, professor, não impomos nada. De fato, lidamos com a liberdade e responsabilidade. Cada um que é convidado a fazer parte deste grupo vai recebendo informações progressivamente, sem imposições, cobranças ou além dos limites de cada um. Não exigimos e respeitamos o progresso de cada um. Uns vão mais rápidos, outros mais devagar, mas todos que vêm aqui são tratados com respeito, assumem a responsabilidade que são capazes de exercer e recebem o aprendizado inerente. Como aconteceu com vocês.

— Todos os que estão ligados ao grupo de Akhenaton conhecem o tesouro? — perguntou Sofia.

— Sim, independentemente da forma como chegaram ao tesouro. Mas todos o conhecem. E o respeitam, como vocês agora estão começando a entender o que realmente é o tesouro de Akhenaton.

— Há outro portal aqui! — interrompeu Luís Augusto

Aproximaram-se do portal. Mas nesse pórtico havia algo diferente na parte superior.

γνῶθι σεαυτόν

— Ali está escrito... — observou João Pedro. – "Conhece-te a ti mesmo". A mesma frase...

— Delfos. — Sussurrou Shang Lee apoiado por Ali Kazan e João Pedro.

— Exatamente! Essa frase é a mesma que havia no Oráculo de Delfos. — Completou o professor israelense.

— E o que significa isso? — perguntou Sofia.

— Antes de responder, entremos na sala. — Apontando para o pórtico.

Ao contrário das demais, esta sala era pequena, branca, sem nenhum outro objeto a não ser um pequeno espelho ovalado, aparentando ser antigo, com detalhes dourados em volta.

— O que significa este espelho? — e o professor observou acima dele novamente a frase grega: "Conhece-te a ti mesmo".

Não precisava mais de explicações. Percorrera inúmeros lugares, procurara por um tesouro valiosíssimo, analisara frases com significados ocultos, tudo para se chegar ao tesouro. Mas agora reconhecera qual o objetivo de Akhenaton. Realmente o ouro, a prata, as pedras preciosas, toda a riqueza material, enfim, seriam importantes para melhorar a vida das pessoas, como determinara o Faraó, mas era uma riqueza transitória. Depois observou que havia uma biblioteca imensa, riquíssima, que permitiria um conhecimento inimaginável do mundo antigo e respostas procuradas pela humanidade, respostas estas que poderiam alterar as bases filosóficas, religiosas, políticas do planeta Terra. Mas ainda assim, sem a última sala, não seria completa uma mudança completa. Mudar-se-iam os conceitos, mas o ser humano, o responsável pelo fatores que acontecem ao planeta, mudaria? Estaria o ser humano preparado para se autoconhecer e mudar? — Pergunta difícil de responder...

A última sala tinha a resposta para tudo; "Conhece-te a ti mesmo". Akhenaton estava certo. O poder, a riqueza, o conhecimento, nada traria paz ao ser humano sem que se autoconhecesse. O Faraó, quase três mil e quinhentos anos antes, tinha razão; a humanidade não estava preparada para utilizar-se daquele poder, da riqueza, do conhecimento para o progresso da humanidade. Sabia que sua riqueza, seu tesouro, tudo seria usado para guerras, destruições. Não era isso que o Faraó tinha em mente.

Professor João Pedro Álvares tinha entendido a razão de tanto zelo do grupo de Akhenaton. Permanecia em silêncio, e seu silêncio oi respitado pelos demais. Por que eles também entenderam qual o objetivo de Akhenaton. Aquela sala, pequena em dimensão, tornava-se a maior de todas pelo que continha. Não havia como desviar-se, era olhar para si próprio.

Após um tempo não muito longo, olhando-se ao espelho, João Pedro se virou, olhou para seus companheiros, para o amigo, o professor Harahel e se dirigiram para a saída. Ajudaram Shang Lee na subida. Já estava ficando tarde e tinham de levá-lo a um hospital.

— Acredito que agora entenda o porquê do tesouro permanecer oculto até hoje. — Iniciou Abdão Harahel. Todos vocês, a partir de agora, são portadores deste segredo e, como tal, saberão preservá-lo. Para vocês foi revelado, pois estavam preparados para isso. Mostraram firmeza de caráter, como dissera o Faraó Akhenaton.

— Sim, saberemos como preservá-lo.

— E não se importe, professor, cuidaremos do resto, deixaremos tudo limpo por aqui, não se preocupe. E saiba, manteremos contato com vocês, sempre que precisarmos e agora poderão ter acesso a mais conhecimento, tudo para propiciar o crescimento de vocês, o autoconhecimento.

— Estaremos esperando. — Respondeu João Pedro.

Depois disso se retiram lentamente, em silêncio sabedores do que tinham encontrado. O verdadeiro tesouro, agora revelado, mostrava-se ainda mais valioso.

270